DIE TIERE DER NACHT

von

SARAH ANN JUCKES

Mit Schwarz–Weiß–Illustrationen
von Sharon King–Chai

Aus dem Englischen übersetzt
von Meritxell Piel

Die Originalausgabe erschien 2023 unter dem Titel *The Night Animals* bei Simon & Schuster UK Ltd., London.

Deutsche Erstausgabe
1. Auflage 2024
© der deutschsprachigen Ausgabe: Atrium Verlag AG, Imprint
WooW Books, Zürich 2024
Alle Rechte vorbehalten
Published by arrangement with Simon & Schuster UK Ltd
1st Floor, 222 Gray's Inn Road, London, WC1X 8HB
A Paramount Company
Text © Sarah Ann Juckes, 2023
Cover und Illustrationen © Sharon King-Chai, 2023
Aus dem Englischen übersetzt von Meritxell Piel
Lektorat: Barbara Schlichtmann
Alle Rechte vorbehalten
Druck und Bindung: GGP Media GmbH, Pößneck
Satz: Pinkuin Satz und Datentechnik, Berlin
ISBN: 978-3-03967-042-0

Mum und Dad – dieses Buch ist
für euch
S. A. J.

Für Adrian und Emma
S. K.-C.

TEIL EINS

DIE FÜCHSIN

1

Es ist tiefste, dunkelste Nacht, als sie kommt.

Ich träume gerade davon, auf einer wilden, einsamen Insel gestrandet zu sein, als ich plötzlich die Pfoten auf meinem Oberkörper spüre wie zwei feste Nichtse. Sie fühlen sich an wie Eiswürfel, die man in der Hand hält – so kalt, dass alles taub wird.

Und dann öffne ich meine Augen und blicke sie an.

Sie hat den gleichen merkwürdigen mattweißen Schimmer wie die anderen Tiere, doch ich kann trotzdem Rostrot in ihrem Fell und hungriges Gelb in ihren Augen ausmachen. Mein Nachtlicht leuchtet wässrig, aber es wird von den Krallen der Füchsin, die sich in mein Pyjamaoberteil pressen, reflektiert. Und von ihrer Nase, während sie mich beschnüffelt. Ihre Ohren mit den schwarzen Spitzen sind nach hinten in Richtung meiner Zimmertür gedreht, um zu lauschen.

Vielleicht sollte ich Angst haben, doch ich verspüre keine. Denn ich habe schon andere Tiere wie sie gesehen. Allerdings ist das schon länger her, und so nah sind sie mir auch noch nie gekommen. Manchmal konnte ich sie nur als regenbogenfarbenen Dunst am Himmel erkennen, wenn ich mich verloren gefühlt habe; oder als Farbspritzer unter der Wasseroberfläche eines Schwimmbeckens, wenn ich mich nicht hineingetraut habe.

Doch dieses Wesen sitzt jetzt auf meiner Brust – in meinem Zimmer, in meinem Zuhause, mitten in der Nacht.

Eine Füchsin. Oder besser gesagt: eine Geisterfüchsin.

Mein Herz flattert wie ein gefangener Vogel.

Die Geisterfüchsin starrt mich an und bewegt sich kaum. Auch ich bin wie eingefroren, obwohl sich der leere Druck ihrer Pfoten auf meinem Brustkorb merkwürdig anfühlt.

Im ganzen Haus ist es mucksmäuschenstill. Kein Licht strömt unter meiner Tür hindurch, was bedeutet, dass Mum alles ausgeschaltet hat und ins Bett gegangen ist. Mein Fenster ist geschlossen, sodass ich die Autos in der Ferne nicht hören kann, genauso wenig wie den Wind, der sich zwischen die Äste der Bäume schleicht. Es kommt mir vor, als würde die ganze Welt nur noch der Geisterfüchsin und mir gehören.

Ich wollte schon immer ein Geistertier aus der Nähe sehen. Am nächsten bin ich dem Tiger gekommen, als mein Dad nach Indien abgereist ist. Dabei haben sich die Tigerstreifen auf seinem Koffer plötzlich in eine gigantische, brüllende Raubkatze verwandelt, die sich neben mich gesetzt hat. So habe ich mich stärker gefühlt. Doch Dad konnte das Tier nicht sehen, als ich es ihm gezeigt habe, und auch Mum hat noch keines zu Gesicht bekommen. Aus diesem Grund habe ich mich irgendwann gefragt, ob ich sie mir vielleicht nur eingebildet habe.

Allerdings ist diese Füchsin gerade hier und wirkt, als wäre sie lebendig. Wenn ich noch nie Geistertieren mit ihren farbig schillernden Umrissen begegnet wäre, würde ich die Füchsin vermutlich für ein echtes Wildtier halten, das gekommen ist, um mir das Fleisch von den Knochen zu reißen.

»Bist du hier, um mich zu fressen?«, flüstere ich sicherheitshalber.

Die Ohren der Füchsin schnellen nach vorne, und sie gleitet von meinem Brustkorb hinunter, woraufhin der Druck augenblicklich nachlässt. Ich richte mich auf und setze meine Brille auf, um einen genauen Blick auf meine Besucherin zu werfen. Sie sitzt da, den buschigen Schwanz um ihre Vorderpfoten gelegt, und verharrt reglos. Lediglich ihre farbigen Umrisse flackern und wabern so flink, als würde ich sie träumen.

»Ich bin Nora«, wispere ich.

Die Füchsin neigt den Kopf zur Seite, doch sie sagt ihren eigenen Namen nicht. Denn auch wenn sie ein Geist ist, ist sie trotzdem nur ein Fuchs.

Allerdings habe ich das Gefühl, als würde sie mir eine Frage stellen. Etwas Stilles und Dringendes und auf leise Weise Lautes, das ich nicht greifen kann.

»Ein Geist zu sein ist bestimmt einsam«, sage ich.

Da springt die Füchsin auf mich, ihre kalten Nichts-Pfoten landen wieder auf meinem Oberkörper. Mein Herz krampft sich zusammen. Ich schließe die Augen und kämpfe gegen das Gefühl, das gerade in mir aufsteigt. Denn ich weiß nur zu gut, wie es sich anfühlt, einsam zu sein: kalt und leer.

Ich balle meine Hände zu Fäusten. »Ich bin stark, ich bin stark, ich bin stark«, murmle ich vor mich hin.

Auf einmal verschwindet der Druck von meiner Brust, und mein Herz beginnt wieder zu flattern wie ein Vogel. Doch als ich die Augen öffne, starre ich bloß auf ein leeres Stück Raum, wo vielleicht einmal ein Fuchs gesessen hat.

2

Heute ist ein Guter Morgen. Das erkenne ich daran, dass Mum vor mir auf den Beinen ist und in der Küche leise singt.

Normalerweise stolpere ich an einem Guten Morgen schon im Pyjama die Treppe hinunter, bevor ich meine Brille aufgesetzt habe. Doch heute schlage ich stattdessen meine Bettdecke zurück und suche nach Spuren der Füchsin.

»Hallo?«, flüstere ich, während ich in allen Ecken nach einem regenbogenfarbenen Schimmer oder einem buschigen Schwanz Ausschau halte. Aber ich finde nichts, nicht einmal ein rotes Fellbüschel auf meinem Federbett oder einen Pfotenabdruck auf dem Teppich.

Ich schätze, das ist nicht ungewöhnlich. Schließlich sind Geister da, aber irgendwie auch nicht da. Deshalb kann man auch nicht erwarten, dass sie etwas zurücklassen. Trotzdem breitet sich die Enttäuschung darüber, dass alles nur ein Traum gewesen sein könnte, wie ein Hohlraum zwischen meinen Rippen aus.

»Nora?«, singt Mum die Treppe herauf. »Bist du wach, Schätzchen?«

»Ja, ich komme!«, rufe ich zurück.

Ich ziehe mich so schnell an, dass ich mir die graue Schürze meiner Schuluniform verkehrt herum überstreife. Dann renne ich die Treppe hinunter und lasse meinen Pulli auf meinen Schulrucksack fallen. Mum hat den Rucksack schon für mich gepackt, also muss heute ein Extraguter Morgen sein. Ich stürme in die Küche und schlinge meine Arme um ihre Taille, während sie Butter auf kleine Pfannkuchen streicht, die ich am liebsten zu meinen pochierten Eiern esse.

»Guten Morgen, Schlafmütze«, sagt Mum und gibt mir einen Kuss auf den Kopf.

Ich drücke mein Gesicht in ihren Pullover. Sie riecht nach Parfum und Waschpulver, und ich möchte den Duft einatmen, bevor er genauso wieder verschwindet wie die Geisterfüchsin.

»Möchtest du ein Ei oder zwei?«, fragt Mum, während sie mich sanft von sich wegschiebt.

»Zwei«, antworte ich und setze mich auf meinen Stuhl. Mum hat den Tisch bereits mit Tellern und Besteck gedeckt, außerdem stehen frischer Orangensaft und eine Vase mit feuerwerksbunten Blumen dabei.

Es ist ewig her, dass wir so gemütlich gefrühstückt

haben. Ich vermute, das liegt daran, dass Mums Schlechte Tage immer mehr werden. Und dann ist sie einfach zu müde, um Frühstück zu machen. Oder zu traurig, um überhaupt aufzustehen. Aber trotzdem geht es mir *gut*, denn ich kann ja für mich selbst sorgen. Doch Mum glücklich zu sehen, ist schon eine große Erleichterung. Zufrieden lasse ich mich gegen meine Stuhllehne sinken.

Ich ärgere mich, dass heute Freitag ist und nicht Wochenende. Denn dann könnten wir gemeinsam in den Park oder in den Zoo gehen; oder einfach nebeneinander im Garten sitzen – Hauptsache, wir wären zusammen.

»Darf ich heute zu Hause bleiben?«, frage ich, während Mum mir mein Frühstück hinstellt.

Sie legt ihre Hand auf meine Stirn. »Fühlst du dich nicht gut?«

Ich schüttle den Kopf. »Nein, das ist es nicht. Ich dachte nur, wir könnten vielleicht in den Zoo?«

Mum setzt sich mir gegenüber, und ich bemerke, wie müde sie immer noch aussieht. Früher hatte sie mehr Sommersprossen auf der Nase, als es Sterne am Himmel gibt. Doch die sind zusammen mit ihrer restlichen Haut verblasst. Außerdem sind ihre Augen geschwollen, und ihr lockiges braunes Haar ist sogar noch zerzauster als meins. Aber zumindest sieht sie heute ein bisschen mehr wie sie selbst aus.

»Vielleicht am Wochenende«, erwidert sie, bevor sie fragt: »Gibt es einen besonderen Grund, warum du nicht in die Schule willst?«

Ich überlege einen Moment. Der Hauptgrund ist, dass ich gerade meine alte Mum zurückhabe und sie so lange wie möglich bei mir behalten will. Aber es gibt auch noch ein paar andere Gründe …

»Letzte Nacht war eine Füchsin in meinem Zimmer«, erzähle ich. »Und ich möchte gucken, ob sie zurückkommt.«

Mum lässt ihren Löffel sinken, und wir beide zucken zusammen, als er mit einem lauten Klirren auf dem Glastisch aufschlägt. »Eine lebendige Füchsin?«

Schnell schüttle ich den Kopf. »Nein, ich glaube, es war eine Geisterfüchsin. Du weißt schon – so wie die Tiere, die ich als kleines Kind gesehen habe.«

Mum entfährt ein erleichtertes Lachen, und sie tippt mir mit ihrem Löffel auf die Nasenspitze. »Ich habe schon gedacht, wir hätten eine echte Füchsin im Haus.«

Langsam tauche ich ein Stück meines Pfannkuchens in das flüssige Eigelb. »Du glaubst also, sie war nicht echt?«

Mum umklammert ihre Teetasse und lächelt. »Ich bin mir sicher, du hast sie nur geträumt, Schätzchen. Schließlich gibt es Geister nicht wirklich, hab ich recht?«

Ich zucke mit den Schultern und beiße von meinem Pfannkuchen ab. »*Deine* Geister gibt es wirklich«, entgegne ich.

Mum kneift die Lippen zusammen, und sofort wünschte ich, ich hätte den Guten Morgen nicht mit meinen schlimmen Worten verdorben.

Über die Tischplatte hinweg greife ich nach Mums Hand. »Du hast recht. Wahrscheinlich war es nur ein alberner Traum.«

Sie drückt meine Hand, doch ich kann sehen, wie sich Sorgenfalten auf ihrem Gesicht bilden.

Mum hat eine psychische Erkrankung, die *PTBS* heißt – *Posttraumatische Belastungsstörung*. Bevor sie ihren Job aufgegeben hat, war sie Rettungssanitäterin und ist mit dem Krankenwagen umhergefahren, um Menschen das Leben zu retten. Aber vor ein paar Monaten ist sie auf einmal immer trauriger geworden, so als würden die Ereignisse des Tages sie auch abends und nachts, wie Geister, verfolgen. Und diese waren keine regenbogenfarbenen Tiere, sondern dunkle Schatten, die ihr wütende Dinge zuflüsterten.

Mum hat mir das alles erklärt, als wir zusammen bei der Ärztin waren. Ich durfte lauter Fragen stellen, zum Beispiel: ›Hat die Krankheit etwas mit mir zu tun?‹ Oder: ›Wird sich jetzt unser ganzes Leben verändern?‹ Und: ›Was kann ich tun, um zu helfen?‹

Beide haben mir versichert, dass die Krankheit auf

keinen Fall etwas mit mir zu tun hat; und dass sich nicht allzu viel verändern wird, weil Mum immer meine Mum bleiben wird. Nur wird sie halt manchmal wütend oder traurig werden. Außerdem hat die Ärztin gesagt, dass es nur eine einzige Sache gibt, die ich tun kann: Mum in Ruhe lassen, wenn sie Ruhe braucht.

Aber ich weiß, dass ich noch viel mehr tun kann: Ich kann Mum beschützen, so wie sie als Rettungssanitäterin andere Menschen beschützt hat. Und damit kann ich ihr helfen, wieder gesund zu werden.

Jetzt gerade, am Frühstückstisch, drückt Mum mir einen Kuss auf die Hand. »Du bist so erwachsen geworden, meine Kleine.«

Ich spüre, wie ich rot werde, obwohl es sich schön anfühlt, so etwas Nettes zu hören. »Ich bin nicht klein«, protestiere ich trotzdem.

Lächelnd beißt Mum in ihren Pfannkuchen, was bedeutet, dass sie wieder Appetit hat. »Na gut, dann bist du eben eine starke, unabhängige Frau«, erwidert sie. »Und wir beide kämpfen zusammen gegen den Rest der Welt, stimmt's, Große?«

Ich nicke und wische den letzten Rest Eigelb von meinem Teller. Mum und ich waren schon immer ein eingespieltes Team, und deshalb brauchen wir niemanden außer uns. Denn egal, was passiert – wir kommen alleine klar.

3

Ich mag meine Lehrerin Miss Omar, nur nicht, wenn sie eine Ewigkeit braucht, um die Anwesenheit zu prüfen.

Die Heizung unter meinem Tisch bollert und macht mich schläfrig, obwohl der Schultag gerade erst begonnen hat. Und sonderlich lang war ich gestern Nacht auch nicht wach. Trotzdem lege ich meinen Oberkörper auf den Tisch, stütze mein Kinn auf meine Faust und starre aus dem Fenster.

Unser Klassenzimmer liegt auf einem Hügel, von dem ich bis zum Kriegsdenkmal und dem Kaulquappenteich hinunterschauen kann. Außerdem sehe ich das Klettergerüst und – auf der anderen Seite des Schulhofs – den Fußballplatz, wo ein paar Kinder aus der Dritten Sport haben. Aus der Entfernung wirken sie wie kleine Flöhe, die immer wieder auf und ab hüpfen.

Ich vermisse es, in der dritten Klasse zu sein. Denn das Einzige, worüber man sich mit acht Jahren Sorgen machen muss, ist, ob man beim Fußball ein Tor schießt oder ob der Vanillepudding beim Mittagessen eklige Klumpen hat. Damals war ich noch mit allen anderen aus meiner Klasse befreundet, und wir haben in der Pause zusammen Fangen gespielt oder uns nach der Schule gegenseitig besucht.

Doch jetzt kann ich niemanden mehr zu mir nach Hause einladen. Schließlich könnte eins der Kinder zu laut sein oder etwas Unüberlegtes sagen, wodurch sich Mums Symptome verschlimmern würden. Natürlich geht es mir trotzdem *gut*, denn es ist sowieso leichter, die Mittagspause allein zu verbringen. Dann kann ich nämlich meine Lieblingsbücher lesen und muss mir keine Ausreden ausdenken, warum bei Mum und mir die Dinge nicht mehr so sind wie früher.

Gerade, hier in der Klasse, werden meine Lider schwer, und ich schwitze in meinem warmen Schulpullover. Mein Rücken beginnt zu jucken.

Ich blinzle träge, doch kurz bevor ich die Augen ganz schließe, sehe ich etwas aufblitzen: einen regenbogenbunten Schwanz, der hinter der Winterkirsche neben dem Kaulquappenteich verschwindet.

Ich richte mich so ruckartig auf, dass ich dabei meine Federmappe vom Tisch fege. Miss Omar hält einen Moment inne. »Nora, könntest du bitte deine Stifte nicht durch die Gegend werfen?«

Hitze schießt mir ins Gesicht, und obwohl mir klar ist, dass ich eigentlich mein Mäppchen aufheben sollte, suche ich die Landschaft weiter nach meiner Geisterfüchsin ab. Ein paar andere Kinder, die mit mir am Tisch sitzen, haben gemerkt, was ich tue, und richten ihre Blicke ebenfalls nach draußen. Auch wenn sie nicht wissen, warum.

Und natürlich gucken bald nicht nur die Kinder an meinem Tisch, sondern auch alle anderen. Fast alle meine alten Freundinnen und Freunde rennen zum Fenster und suchen den tristen Morgen nach etwas ab, das sich ihnen sowieso nicht zeigen würde.

»Alle bitte zurück auf ihre Plätze!«, ruft Miss Omar und klatscht in die Hände. Gleichzeitig reckt auch sie den Hals, um hinauszuschauen. Murmelnd und murrend kehren die Kinder zu ihren Tischen zurück, wobei mir einige von ihnen komische Blicke zuwerfen. Aber das ist mir egal, und ich schaue weiter nach draußen.

Ich bin mir sicher, dass ich mich nicht geirrt habe. Es war die Füchsin mit den regenbogenfarbenen Umrissen von letzter Nacht.

Den Rest der Stunde verbringe ich unruhig auf meinem Stuhl und zeige nicht ein einziges Mal auf. Dabei haben wir Sachkunde, und ich weiß von Mum, wie man gebrochene Oberschenkel- und Mittelhandknochen versorgt.

Als es endlich zur Pause klingelt, renne ich ohne meinen Mantel auf den Schulhof, obwohl es gerade anfängt zu regnen. Dann stehe ich eine Weile da und drehe mich im Kreis, um in dem Gewirr aus Kindern nach einem bunten Schimmer Ausschau zu halten.

»Nora! Nora, komm, wir spielen Fangen!« Saffie zieht mich am Arm.

»Hab dich! Du bist dran!«, ertönt Rachaels Stimme hinter mir, während sie mir auf den Rücken tippt.

Ich weiche beiden Mädchen aus, obwohl sich meine Brust dabei genauso kalt und leer anfühlt wie unter den Geisterpfoten der Füchsin.

Und plötzlich sehe ich sie: Wie ein Komet mit regenbogenfarbenem Schweif huscht die Geisterfüchsin über den Schulhof.

Ich sprinte los, und die Regentropfen hinterlassen gepunktete Linien auf meinen Brillengläsern. Mühsam blinzle ich zwischen den Pünktchen hindurch, während ich nach Luft schnappe und mein Blut vor Aufregung prickelt. Meine Füße trommeln über den Asphalt – da dreht sich die Füchsin auf einmal hechelnd zu mir um. Ich bin so gebannt von ihrem Anblick, dass ich den Jungen vor mir übersehe und direkt in ihn hineinrenne.

»Hey, pass doch auf!«, schreit er mich an, als ich seine knochige Schulter anremple. Er lässt den Ball fallen, den er in der Hand gehalten hat.

»Sorry, tut mir leid«, entschuldige ich mich, während ich immer noch der Füchsin hinterherschaue. Sie verschwindet zwischen den herunterhängenden Zweigen der Winterkirsche.

Ich hebe den Ball auf, um ihn dem Jungen zurückzugeben, aber anstatt ihn zu nehmen, schubst er mich und rammt seine spitze Schulter in meine.

Ich blinzle überrascht und stolpere rückwärts.

Ein paar Kinder um uns herum bleiben stehen, starren uns an und flüstern etwas hinter vorgehaltenen Händen. Ich werfe dem Jungen einen finsteren Blick zu. Ich kenne ihn, er heißt Joel und geht in meine Parallelklasse. Seine Miene ist unfreundlich, sein Kinn schmutzig und sein Gesicht so knallrot, als könnte er jeden Moment explodieren.

»Guck gefälligst, wo du hinrennst!«, brüllt er mich noch einmal an und schlägt mir den Ball so fest aus der Hand, dass er hart auf dem Boden aufprallt.

»Tut mir …«, beginne ich noch einmal, doch da kommen mir die anderen aus meiner Klasse zu Hilfe.

»Lass Nora in Ruhe, Joel!«, sagt jemand.

»Sie hat sich bei dir entschuldigt!«, fügt jemand anderes hinzu.

Aber anstatt mich zu freuen, fängt mein Rücken vor Wut an zu kribbeln. »Ich brauche keine Hilfe«, brumme ich.

Joel ballt die Fäuste und schreit die anderen an.

Sie schreien zurück, sodass es mir bald schon vorkommt, als würde der ganze Schulhof schreien.

Ohne dass ich etwas dagegen tun kann, bleibt mir die Luft im Hals stecken. Denn das Ganze erinnert mich an das letzte Mal, als Mum und ich zusammen im Supermarkt einkaufen waren. An dem Tag hat sie mich von der Schule abgeholt, und ich habe den Einkaufszettel festgehalten, während sie die Sachen in den Einkaufskorb gelegt hat. Alles lief prima, bis eine Gruppe Teenager hereinkam, die laut herumgebrüllt hat. Zwar haben die Jungen und Mädchen nichts Schlimmes gesagt, doch von dem Lärm ist Mum plötzlich ganz blass geworden. Laute Geräusche können nämlich starke PTBS-Symptome auslösen.

Und jetzt gerade, auf dem Schulhof, habe ich das Gefühl, selbst kreidebleich zu werden. Hastig stolpere ich an den anderen vorbei, schlingere und schlittere mit meinen Turnschuhen über den Rasen und steuere auf die Winterkirsche zu. Dabei halte ich weiter nach der Füchsin Ausschau.

»Bitte, liebe Füchsin«, flüstere ich. »Mach mich stärker. So wie die anderen Geistertiere.«

Auf einmal wird aus dem leichten Regen ein unbarmherziger Schauer, und das Geschrei der Kinder verwandelt sich in aufgeregtes Kreischen. Alle stürmen nach drinnen.

»Pssst! Hier unten!«, ertönt plötzlich eine Stimme unter mir. Sie kommt aus der Kuppel von Ästen, die wie eine Fontäne aus dem Stamm der Winterkirsche herausquellen.

»Füchsin, bist du das?« Meine Stimme quietscht, und meine Gedanken rasen. »Seit wann kannst du …«

»Schnell!«, spricht die Stimme weiter. »Komm rein, bevor die Lehrer uns sehen!«

Ich spähe zwischen den Zweigen hindurch und entdecke eine kleine Gestalt, die im Schutz des Baums kauert. Sofort suche ich sie nach schillernden Farben ab, doch in dem Moment streckt sie eine Hand aus und zieht mich zu sich in die Baumkuppel. Ein Junge mit kurzem Afro-Haarschnitt und einer tarnfarbenen

Jacke sitzt vor mir und guckt mich mit großen Augen an.

»Alles okay?«, fragt er mich. »Ich hab gesehen, wie Joel dich geschubst hat. Mit mir macht er das auch immer.«

»Mir geht's *gut*«, antworte ich und winde mich aus seinem Griff. Dann betrachte ich die Kuppel aus Ästen um uns herum. Hier drin sieht es aus wie in einer komplett anderen Welt. Das Kindergeschrei ist verschwunden, sodass ich nur noch meinen eigenen keuchenden Atem und das Prasseln des Regens hören kann. Überall um mich herum wachsen Äste mit sprießenden Knospen daran. Sie rahmen den gewundenen Stamm und den Jungen ein, der mich immer noch anschaut, als wäre etwas Schlimmes passiert. Dabei ist alles in bester Ordnung.

»Du bist Nora, oder?«, fragt er. »Nora Frost aus der 4a?«

Ich ignoriere ihn und schaue mir die Stelle an, an der der Baumstamm aus dem Boden austritt.

Die Geisterfüchsin ist nirgendwo zu sehen, deshalb schiebe ich mich an dem Jungen vorbei nach draußen. Dort betrachte ich die Umrisse der Kinder, die mit ihren Strickjacken über den Köpfen in die Schule rennen. Überall sehe ich grauen Asphalt, graue Wolken und graue Uniformen – aber keine regenbogenfarbene Füchsin.

Hinter mir raschelt es, und wieder schließen sich Finger um mein Handgelenk, die mich zurück in die Arme des Baums ziehen.

»Was *machst* du da?«, will der Junge wissen, der inzwischen aufgestanden ist. »Es regnet. Und wenn die Lehrer uns erwischen, müssen wir rein.«

»Hör auf, an mir rumzuzerren!« Ich reiße mich los, wobei sich Zweige in meinen Haaren verfangen und mein Rücken heiß kribbelt. »Du hast sie vertrieben!«, sage ich lauter, als ich wollte.

Der Junge tritt einen Schritt zurück und schaut sich um. »Wen?«

Schnaufend befreie ich meine Haare aus den Zweigen. Am liebsten würde ich sofort wieder nach draußen stürmen und weiter nach der Füchsin Ausschau halten, doch der Junge hat recht. Der Regen hämmert nur so auf den Boden, und in der Ferne kann ich die Pausenaufsicht rufen hören. Und obwohl es mir normalerweise gefällt, die Pausen im Schulgebäude zu verbringen, weil ich einfach dasitzen und lesen kann, will ich nicht reingehen. Noch nicht.

Also hocke ich mich wieder hin und suche meine Umgebung nach Regenbögen ab.

Verwirrt schaut der Junge mich an. »Bist du … hier mit einer Freundin verabredet, oder so was?«

Ich erwidere seinen Blick nicht, denn ich will ihm nichts von der Füchsin erzählen. Nicht, weil ich mich schämen würde; sondern weil es besser ist, manche Dinge geheim zu halten. Zum Beispiel Mums Diagnose. Denn sobald die Leute von ihrer PTBS erfahren, verändern sich ihre Gesichtsausdrücke. Sie bekommen schrecklich viel Mitleid und tun so, als wäre PTBS etwas ganz Schlimmes, obwohl das nicht stimmt.

Eine Zeit lang schweigen der Junge und ich, doch er betrachtet mich, als wollte er mich lesen wie ein offenes Buch. Um uns herum prasselt der Regen immer fester, doch die Stille im Innern des Baums fühlt sich an wie eine eigene Art Lärm. Wie ein Vorhang aus Lärm.

»Ich bin Kwame James«, sagt der Junge schließlich. »Ich gehe in die 4b. Ich glaube, du wohnst gegenüber von meinem Opa Erwin. Ich bin fast immer da und sehe dich oft auf deinem Fahrrad.«

Als ich nicht antworte, spricht er weiter.

»Der Baum hier ist mein Geheimversteck – gefällt es dir? Ich komme jede Pause hierher, um Joel aus dem Weg zu gehen. Wenn du willst, kannst du auch hierbleiben. Mich stört das nicht.«

Er mustert mich mit zusammengekniffenen Augen, und ich versuche, seinen Blick nicht zu erwidern.

»Wenn du auch gemobbt wirst, können wir zusammenhalten und ...«

»Hör zu«, unterbreche ich ihn. »Danke, dass du

mir dein Versteck gezeigt hast. Aber ich komme alleine klar.«

Ein Grinsen breitet sich auf Kwames Gesicht aus, und die Grübchen in seinen Wangen werden so groß wie Mondkrater. Außerdem fällt mir auf, dass seine Augen die gleiche Mischung aus Brauntönen haben wie der Stamm hinter ihm. »Ich komme auch alleine klar!«, ruft er begeistert. »Hey – vielleicht können wir *zusammen* alleine klarkommen? Ich kenne ein paar echt tolle Spiele, aber du kannst auch selbst welche vorschlagen.«

Ich ziehe eine Grimasse, und mir entfährt ein Seufzer. Draußen ruft ein weiteres Mal die Pausenaufsicht.

»Weißt du was … lass mich einfach in Ruhe«, sage ich.

Dann schiebe ich den Vorhang aus Zweigen zur Seite und renne los.

4

Sobald ich nach der Schule mit dem Fahrrad in unsere Straße einbiege, weiß ich, dass sich der Gute Morgen in einen Schlechten Nachmittag verwandelt hat.

Die Reihe von Einfamilienhäusern, die ich entlangfahre, erstreckt sich einen kleinen Hügel hinunter bis in die Ferne. Alle Haustüren sind entweder braun oder weiß oder grau – mit Ausnahme von unserer. Unsere Tür ist knallrot, genau wie mein Fahrrad. Mum und ich haben sie letztes Jahr gestrichen, und sie sieht richtig schön aus. Allerdings kann ich jetzt immer schon von Weitem erkennen, ob ein weißer Zettel daran hängt oder nicht.

Ich ziehe die Bremsen und lasse mir so viel Zeit wie möglich, das letzte Stück des Weges hinter mich zu bringen. Während ich mein Rad in den Holzschuppen schiebe, den Mum und ich im Vorgarten neben den Mülltonnen gebaut haben, trödle ich noch mehr. Trotzdem kommt es mir viel zu schnell vor, als ich schließlich vor der Haustür stehe und den Zettel lesen muss. In Mums zittriger Handschrift steht dort:

Nora, meine Große,

es tut mir leid, aber mir geht es nicht gut.
Kannst du bitte zu Saffie gehen?
Ich hab dich lieb.

Mum x

Ich starre auf das x, das Kuss bedeutet, und wünschte, ich könnte Mums Kuss in Wirklichkeit spüren.

Saffie ist ein Mädchen aus meiner Klasse, mit dem ich früher oft gespielt habe. Als Mum krank wurde, bin ich nach der Schule regelmäßig zu Saffie geradelt, damit Mum ihre Ruhe hatte. Saffie wohnt mit ihren Eltern in einem großen Haus, wo sie alle zusammen Piroggen und Polskie Naleśniki essen – so heißen Pfannkuchen auf Polnisch. Dann sind Saffie und ich so lange mit dem Fahrrad die Straße rauf und runter gesaust, bis es dunkel wurde und ich nach Hause musste.

Inzwischen rede ich kaum noch mit Saffie – genau wie mit den anderen aus meiner Klasse. Denn einmal, als ich bei Saffie zu Besuch war, habe ich sie und ihre Eltern über meine Mum flüstern gehört. Saffie hat gefragt, ob mit ihr alles okay ist und wie es mir wohl geht. Kurz darauf hat sie dann angefangen, mich bei unseren Wettrennen gewinnen zu lassen. Außerdem hat sie immer ganz leise mit mir gesprochen, so als würde ich mich vor jedem lauten Geräusch erschrecken. Mir ist klar, dass sie nur nett sein wollte, aber trotzdem gefiel mir das Ganze nicht. Schließlich geht es mir *gut*, und Mum geht es *auch* gut, und *überhaupt* ist alles gut. Also brauche ich auch nicht mehr zu Saffie zu gehen, obwohl Mum das immer noch denkt.

Leise sperre ich die Haustür auf und schleiche auf Zehenspitzen ins Wohnzimmer. Mum hat den Fernseher angelassen, und ich frage mich, ob er der Grund für den schlechten Nachmittag war. Manchmal können nämlich Dinge, die andere Menschen sagen, Auslöser für Mums Symptome sein. Genau wie Lärm, so wie damals im Supermarkt. Manchmal kommen die Symptome aber auch von ganz allein.

Ich schalte den Fernseher aus und bleibe eine Weile am Fuß der Treppe stehen, um zu lauschen.

Mums Schlafzimmertür ist geschlossen, das ganze Haus still. Früher, als Mum noch gesund war, stand ihre Tür immer offen. Sogar nachts war sie nur angelehnt, damit ich reinkommen konnte, wenn ich einen Albtraum hatte. Dann hat Mum mich zu sich ins Bett geholt und mich ganz fest in den Arm genommen. Außerdem durfte ich meine kalten Füße an ihren wärmen, und sie hat mir schöne Dinge ins Ohr geflüstert.

»Du bist so tapfer, Nora«, hat sie zum Beispiel gesagt. »Du bist der stärkste Mensch, den ich kenne.«

Jetzt, als ich an der Treppe stehe, umklammere ich den Zettel, der an der Tür hing, und schließe die Augen. Da spüre ich plötzlich eine kalte Nase an meinen Socken, auf denen Tigerstreifen sind, schnüffeln. Und dann sehe ich sie. Meine Geisterfüchsin.

Mein Magen schlägt vor Freude einen Purzelbaum, und ich husche ins Wohnzimmer. Ich ziehe die Tür zu, nachdem die Füchsin hinter mir hereingeflitzt und mit einem Sprung auf dem Sofa gelandet ist.

»Da bist du ja wieder«, flüstere ich.

Die Geisterfüchsin legt ihren Schwanz um ihre Vorderpfoten, und ihre regenbogenfarbenen Umrisse flackern in Windeseile von Violett zu Grün zu Rot. Mein Herz schlägt viel zu laut für das stille Haus, deshalb setze ich mich so weit wie möglich von der Tür weg. Anschließend betrachte ich das helle Brustfell der Füchsin, ihre zusammengekniffenen Augen und die Narbe, die sich über ihre Schnauze zieht.

Ich strecke meine Hand aus, um sie zu streicheln, woraufhin die Ohren der Füchsin nach hinten schnellen, als wollte sie wegrennen.

»Nein, bitte nicht!«, sage ich lauter, als ich sollte – wo Mum doch oben schläft. Ich zucke zusammen und senke meine Stimme zu einem Flüstern. »Geh nicht. Kannst du bei mir bleiben? Bitte?«

Die Geisterfüchsin antwortet nicht, sondern starrt mich, mit dem zerknitterten Zettel in der Hand, bloß an.

Ich werfe einen Blick auf das Stück Papier und schüttle den Kopf. »Ich brauche nicht zu Saffie zu gehen«, erkläre ich ihr. »Es geht mir *gut* hier, wirklich. Aber … könntest du trotzdem eine Weile bei mir bleiben? Das wäre schön.«

Die Geisterfüchsin neigt ihren Kopf, und plötzlich fühle ich mich wieder so kalt und leer, als würde sie ihre Pfoten auf meinen Brustkorb pressen. Aber zumindest läuft sie nicht weg. Ich schalte Cartoons mit Untertiteln und ohne Ton ein, die wir uns gemeinsam anschauen. Dann mache ich am Tisch meine Hausaufgaben, während die Füchsin sich vor meinen Füßen zusammenrollt. Und als mein Magen knurrt, folgt sie mir in die Küche, wo ich in der Mikrowelle eine Lasagne aufwärme, so wie es in der Anleitung steht. Mum mag es zwar nicht, wenn ich mir mein Abendessen selbst zubereite, aber mittlerweile bin ich richtig gut darin.

Bevor die Mikrowelle ein *Ping* von sich gibt, schalte ich sie aus und verteile die Lasagne auf drei Teller – einen für mich, einen für Mum und einen für die Geisterfüchsin. Die Füchsin niest, als sie daran schnüffelt. Anschließend schreibe ich Mum einen Zettel und klemme ihn vorsichtig unter den Teller, den ich ihr vor die Tür stelle. Für den Fall, dass ihre Traurigkeit lang genug verschwindet, um Mum merken zu lassen, dass sie hungrig ist.

Ich hab dich
auch lieb,
Mum.
Nora x

Als ich nach unten zurückkomme, rechne ich damit, wieder allein zu sein, doch die Geisterfüchsin ist noch da. Und sie bleibt sogar bei mir, während ich meine Lasagne esse, obwohl sie ihre eigene nicht anrührt. Vielleicht liegt das daran, dass Geistertiere keine Nahrung brauchen. Als ich ins Bett gehe, rollt die Füchsin sich auf meinem Teppich zusammen.

»Danke, dass du bei mir geblieben bist«, flüstere ich.

Ihre gelben Augen bohren sich direkt in das düstere Loch in meiner Brust, in dem ich meine Einsamkeit spüre – und das, obwohl es mir eigentlich *gut* geht. Denn ich habe mich ja dazu entschieden, allein zu sein. Ich strecke meine Hand aus, und diesmal neigt die Füchsin sich ein Stück nach vorne, um ihre kalte Nichts-Stirn gegen meine Handfläche zu lehnen.

5

Als ich aufwache, fällt das Licht der Morgendämmerung zwischen meinen Vorhängen hindurch. Im Traum bin ich in einem aufgewühlten Meer mit riesigen Wellen geschwommen, die mich umwerfen wollten. Und nun rast mein Herz, als könnte es meinen Brustkorb zersprengen. Ich drehe mich um – und schaue geradewegs in das Gesicht der Geisterfüchsin. Sie sitzt hechelnd auf meinem Bett, ihre Zähne blitzen im Schein des neuen Morgens.

Vor Schreck schreie ich kurz auf, doch ich schlage sofort meine Hand vor den Mund, um Mum nicht zu wecken. Die Geisterfüchsin tanzt auf meinem Bett herum, wobei ihre kalt-schweren Pfoten ein ebenso kalt-schweres Gefühl in meinem Innern hinterlassen. Ich taste nach meiner Brille, und als ich mich aufrichte, springt die Füchsin vom Bett.

Ich bin erleichtert, dass sie noch da ist – und das, obwohl ich ganz eindeutig nicht mehr träume. Auch heute wechseln ihre Farben wieder in Sekundenschnelle von Grün zu einer Art Blau-Violett und weiter zu Rot. Allerdings starrt sie mich diesmal nicht reglos an, sondern deutet mit ihrem Kopf immer wieder zwischen mir, der Tür und meinen Kleidern auf dem Boden hin und her.

»Willst du, dass ich dir folge?«, frage ich.

Die Füchsin springt hoch wie auf einem Trampolin, und mein Herz hüpft mit.

Von Mum ist nichts zu hören, also könnte ich die Füchsin schon begleiten … Aber was, wenn Mum heute wieder einen Guten Morgen hat und in der Küche auf ihre Umarmung wartet?

Die Füchsin gibt ein Geräusch von sich, das wie Bellen klingt, und es ist das erste Mal, dass ein Geistertier passende Laute erzeugt. Ein schrilles Kläffen mit einem lang gezogenen Echo, so wie bei einem Fernseher mit schlechtem Empfang.

Für einen Moment scheint die Füchsin genauso überrascht zu sein wie ich.

Schnell ziehe ich mir meine Sachen an – ein T-Shirt, einen violetten Overall und Socken mit Tigerstreifen. Ein Blick in den Spiegel verrät mir, dass mein braunes Haar zerzaust ist und mein Pony in alle Richtungen absteht, trotzdem kämme ich mich nicht wie sonst. Stattdessen folge ich der Füchsin in den Flur und schleiche auf Zehenspitzen über den Treppenabsatz zu Mums Zimmer.

Die Tür ist geschlossen, und die Lasagne von gestern Abend steht noch unangetastet da. Zusammen mit meinem Zettel.

Ich strecke meine Hand aus und lege sie auf das Holz.

Anscheinend ist heute kein Guter Morgen, und ich kann beinahe das Poltern von Mums wütenden Geistern spüren. Wenn ich sie doch nur für sie vertreiben könnte.

Ich weiß, dass Mums Ärztinnen ihr Bestes geben, genau wie Mum selbst. Aber alle sagen, dass es viel Zeit brauchen wird, bis sie wieder gesund ist.

Da bellt mein eigener Geist mich wieder an – diesmal vom halben Weg die Treppe hinunter. Ich nicke der Füchsin kurz zu, dann eile ich ihr hinterher.

Sie mustert mich, während ich meine Schuhe anziehe, und als ich die Haustür öffne, rennt sie direkt nach draußen.

Der neue Tag streckt gerade seine Finger über den Horizont und lässt die Wolken genauso rötlich erstrahlen wie das Fell meiner Füchsin. Die Luft ist so kalt, dass ich meinen eigenen Atem sehen kann, weshalb ich schnell meinen Mantel anziehe. Gleichzeitig trabt die Füchsin bereits auf das Haus auf der anderen Straßenseite zu, auf dessen Vordertreppe lauter Gartenzwerge stehen. Dann beginnt sie laut zu bellen.

Sofort bekomme ich einen Riesenschreck und drehe mich zu meinem Haus um – bis mir wieder einfällt, dass ja niemand außer mir Geistertiere sehen oder hören kann. Beinahe hätte ich aufgelacht, doch plötzlich zuckt einer der Vorhänge im Haus gegenüber.

Ich zische der Füchsin zu, sie soll gefälligst leise sein, und hole mein Fahrrad aus dem Schuppen. Anschließend schnalle ich mir den Helm auf und sause los in den taufrischen Morgen.

Auf einmal höre ich das Geräusch einer anderen Haustür, gefolgt von einer Stimme.

»Nora! Nora Frost!«

Ich wende meinen Kopf und sehe, wie Kwame sein Fahrrad ungeschickt aus dem Garten mit den Gartenzwergen lenkt. Er trägt die tarnfarbene Jacke, die er auch immer in der Schule anhat. Die Geisterfüchsin bellt freudig und wartet aus irgendeinem Grund darauf, dass Kwame uns einholt.

Ich ziehe kräftig die Bremsen. »Hör auf zu schreien«, zische ich ihm zu. »Du weckst sonst alle auf.«

Eilig überquert er die Straße und kommt neben mir zum Stehen. Kwames Jacke ist offen, und ich kann erkennen, dass er seinen Pullover verkehrt herum trägt. Und sein Helm ist auch nicht geschlossen.

»Mein Opa und ich sind schon seit einer halben

Stunde wach, und ich hab dich vom Fenster aus gesehen. Wohin fährst du?«

Ich schaue zu der Füchsin, die zufrieden die Straße entlangtrottet. Kwame folgt meinem Blick, und ich suche sein Gesicht nach Hinweisen ab, ob er sie auch sehen kann. Doch seine Augen bleiben nicht an der Stelle hängen, an der ein bunt schillernder Fuchs gerade den Radweg am Ende der Straße betritt.

»Ich fahre nirgendwohin«, antworte ich genervt und düse los.

»Hey – warte auf mich!« Ich höre, wie Kwames Füße nach den Pedalen suchen, und beschleunige mein Tempo. Dann biege ich schlitternd auf den Radweg ab. Zwischen der Füchsin und mir scheint mittlerweile ein ganzes Universum zu liegen, und sie huscht vor mir her wie eine davonfliegende Sternschnuppe.

»Nora, warte!«, ruft Kwame noch einmal hinter mir.

»Fahr wieder nach Hause!«, rufe ich über meine Schulter zurück. »Ich brauche dich nicht!«

Das Einzige, was ich brauche, ist mein geliebtes Fahrrad mit der Zwölfgangschaltung und der roten Lackierung. Mum hat es mir zu meinem neunten Geburtstag geschenkt, und ich bin wahnsinnig stolz darauf, denn es gehört *mir*. Ich trete so fest in die Pedale, dass ich mir vorkomme, als hätte ich Flügel. Mein Lenker ist rutschig vom Tau, und der Morgen liegt so still vor mir wie ein Gemälde, das ich mit meinen Bewegungen zum Leben erwecke.

Wenn ich auf meinem Rad sitze, fühle ich mich so frei, als könnte ich jeden Ort der Welt besuchen und alles sein, was ich will. Ich fahre eine Weile im Stehen, wobei der Wind mein Haar zurückwirft und Kälte in meine Lunge presst. Vor mir läuft die Geisterfüchsin im Zickzack, so als hätte sie heute auch jede Menge Energie.

Hinter mir keucht Kwame, und ich lächle, als die Füchsin über eine Hecke springt, um den schmalen Pfad neben dem Kanal entlangzutraben. Da ich mich hier gut auskenne, bremse ich nicht ab, bevor ich zwischen den Metallpollern hindurchflitze, um der Füchsin zu folgen. Ich drehe mich kurz nach Kwame um und muss kichern, als sein Fahrrad in dem schmalen Durchgang stecken bleibt.

Wieder bellt die Füchsin, und ich jauchze mit ihr, während ich immer schneller werde.

Ich finde es hier unten sehr schön. Das Wasser des Kanals ist zwar trüb und unbewegt, aber auf der Oberfläche treiben ineinander verschlungene Seerosenblätter, deren Stiele weit in die Tiefe hinabreichen. Und wenn man gut genug hinschaut, kann man die Kräuselwelle eines Fischs erkennen. Außerdem gibt es Brücken, um den Kanal zu überqueren, auf denen mir immer mulmig wird, weil ich Angst habe, nicht auf der anderen Seite anzukommen. Zusätzlich führen Tunnel unter dem Wasser hindurch, in denen ich meinen Namen schreie, um das Echo zu hören.

Nun wird der Weg vor mir noch schmaler, und an der Seite ragen Metallstäbe aus dem Boden, an denen manchmal Boote festgemacht sind. Heute sind allerdings keine da – es gibt nur mich und die Füchsin, die vor mir schneller und schneller wird.

Ich trete so kräftig mit den Beinen, dass ich hin und her geworfen werde, während ich um eine Kurve rase. Staub fliegt unter meinen Reifen auf. Die Füchsin dreht sich zu mir um, um sich zu vergewissern, dass ich noch mitkomme.

Aber klar doch!

Mein Atem rasselt, und meine Oberschenkel brennen, doch inzwischen bin ich nah genug an der Füchsin, um die regenbogenfarbenen Umrisse ihrer geräuschlosen Pfoten zu erkennen. Die Sonne scheint merkwürdig durch ihren Körper hindurch, so als wäre sie eine Figur auf einem bunten Fensterbild.

Ich fühle mich so mutig und lebendig, als könnte ich alles schaffen. Einen Moment lang schließe ich die Augen und merke, wie das einsam-kalte Gefühl in meiner Brust taut wie ein schmelzender Eisberg. Doch als ich meine Augen wieder öffne, steht die Geisterfüchsin plötzlich direkt vor mir und schaut mich an.

Vor Schreck verliere ich das Gleichgewicht und umklammere meine Bremsen, doch meine Hände rutschen ab.

Dann verfehlt mein Fuß auch noch die Pedale, und keine Sekunde später schlittere ich mitsamt meinem Rad über den Boden. Steine stechen in meine Haut, und mein Helm klappert so laut, dass ich Sterne sehe. Die ganze Welt verwandelt sich in einen einzigen Regenbogen, und als ich endlich aufhöre zu rutschen, sehe ich, wie mein Fahrrad über das Kanalufer gleitet und im trüben Wasser versinkt.

»Nein!«, schreie ich, während ich zum Ufer robbe und es gerade noch schaffe, die äußerste Spitze des Lenkers festzuhalten. Mit aller Kraft versuche ich, das Fahrrad wieder hochzuziehen, doch das Gummi ist glitschig, und ich verliere den Halt.

Plötzlich ertönen Bremsgeräusche hinter mir, und

kurz darauf greifen zwei goldbraune Hände an mir vorbei ins Wasser.

»Ich hab das Rad!«, ruft Kwame.

Aber schon im nächsten Moment wird mein Fahrrad so schwer, als würden die Pflanzen auf dem Kanalgrund es hinunterziehen. Mir wird heiß, und mein Herz pocht laut in meinen Ohren. Irgendwo höre ich die Geisterfüchsin bellen.

»Lass los!«, fauche ich Kwame an.

»Aber ich hab dein Rad. Rutsch einfach ein Stück zur Seite, dann kann ich dir helfen ...«

»Ich brauche deine Hilfe nicht!«

Kwame atmet scharf ein, dann lässt er los.

Einen kurzen Augenblick halte ich mein Fahrrad alleine fest und stelle mir vor, es wieder hinaufzuziehen wie einen versunkenen Schatz.

Doch dann schließt der Kanal seine Klauen endgültig darum, und der Lenker gleitet mir aus der Hand. Und schon schaue ich voller Entsetzen zu, wie mein leuchtend rotes Fahrrad in die Tiefe sinkt.

6

Ich weiß nicht, ob eine Ewigkeit oder nur ein Sekundenbruchteil vergeht, als ich auf die Stelle starre, an der mein Rad verschwunden ist. So als könnte es jeden Moment wieder auftauchen und mir beweisen, dass das alles nicht wirklich passiert ist. Doch stattdessen sehe ich bloß Blasen vom schlammigen Kanalgrund aufsteigen.

»Ist alles okay?«, fragt Kwame hinter mir.

Ich schnelle herum. Kwame sieht verschwitzt und erschöpft aus.

»Du bist schuld, dass mein Rad versunken ist!«, fauche ich ihn an. Wut steigt in mir auf und mischt sich mit den Schmerzen an meinen aufgescheuerten Händen und Knien.

Kwame reißt die Augen auf. »Was? Dein Rad war doch schon im Wasser, als ich hier angekommen bin!«

Natürlich hat er recht, aber das will ich nicht zugeben. Denn das würde bedeuten, dass das Ganze *meine* Schuld war. Mein Fahrrad ist weg, und wenn Mum davon erfährt, wird sie sich ganz bestimmt darüber aufregen. Und dann wird es ihr noch schlechter gehen als sowieso schon. Ich spüre, wie mir Tränen in die Augen steigen, und wende hastig den Blick ab.

»Was ist eigentlich passiert?«, möchte Kwame wissen. »Du bist so schnell gefahren, dass ich dachte, du würdest mit dem Rad zusammen im Wasser landen.«

Da fällt es mir wieder ein: die Geisterfüchsin. Wo ist sie? Vorsichtig stehe ich vom Boden auf, wische mir über die Augen und suche die Umgebung nach einem regenbogenfarbenen Schimmer ab. Doch außer einer alten Plastiktüte in einem Baum fällt mir nichts auf.

»Jetzt ist sie auch weg«, flüstere ich.

Kwame folgt meinem Blick. »Wer ist weg? Aber weißt du was – ich kann dir suchen helfen, wenn du willst! Oder du kannst mit meinem Fahrrad nach Hause fahren.«

»Ich hab doch gesagt, ich brauche keine Hilfe!«, sage ich mit fester Stimme. Dann betrachte ich zum letzten Mal die glatte Wasseroberfläche, bevor ich mich abwende, um nach Hause zu laufen. Doch kaum mache ich den ersten Schritt, spüre ich einen stechenden Schmerz in meinem Knöchel. Ich schreie auf und stütze mich instinktiv auf Kwames Schulter ab. Er führt mich zu einer kaputten Bank.

Erst jetzt schaue ich an mir hinunter und stelle fest, dass die Knie meines Overalls aufgescheuert sind und meine Handflächen bluten. Ich werfe einen besorgten Blick auf meinen Fuß und rechne damit, gebrochene Knochen herausragen zu sehen, doch alles ist wie immer. Der Fuß scheint in Ordnung zu sein.

Innerlich fühle ich mich jedoch, als wäre ich zerbrochen. So als wäre *ich* im Kanal gelandet und darin ertrunken. Und wenn ich meine Augen schließe, erscheint Mums Gesicht vor mir, das vor Schreck kreidebleich wird.

Kwame setzt sich ans andere Ende der Bank und sagt nichts, und ich bin froh darüber, denn ich will nicht reden. Nach einer Weile holt er ein zerknittertes Heft und einen Stift aus seiner Jackentasche und beginnt zu zeichnen.

Ich nehme meinen Helm ab und starre ins Wasser. »Tut mir leid, dass ich dich angeschrien habe«, sage ich leise.

»Tut mir leid, dass dein Fahrrad weg ist«, erwidert Kwame.

Ich schlucke. Mein Herz fühlt sich an, als wäre es von einem riesigen Bluterguss bedeckt.

Ich werfe einen Blick über Kwames Schulter, um zu sehen, was er zeichnet – und mir stockt der Atem, als ich die fantastischsten regenbogenbunten Kreaturen sehe. Mythische Wesen und fuchsähnliche Monster mit Fledermausflügeln und Löwenmähnen verzieren die Seiten.

»Was sind das für Wesen?«, frage ich.

Kwame schaut nicht auf, während er antwortet. »Es gibt so ein Spiel, das ich immer mit meinen Brüdern spiele. Sie nennen mir Tiernamen, und dann kombiniere ich Teile dieser Tiere zu etwas Neuem und Wildem.«

Er blättert zurück und zeigt mir Elefanten mit Geweihen. Auf einmal fällt mein Blick auf eine Zeichnung ganz unten auf der Seite. Es ist ein Mädchen mit zerzausten Haaren, das unter den Zweigen einer Winterkirsche steht – zusammen mit den Worten:

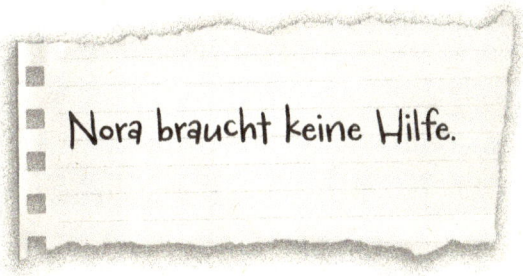

Nora braucht keine Hilfe.

Es ist ein bisschen seltsam, meinen Namen und mein Gesicht in einem fremden Schulheft zu sehen. Und das, obwohl die Zeichnung ziemlich gut gelungen ist. Allerdings ist auch Kwame ein bisschen seltsam, denn er trägt seinen Pullover verkehrt herum und folgt mir einfach so durch die Gegend.

Und ich glaube, dass ich selbst *auch* seltsam bin.

Schließlich sehe ich Geistertiere, mache mir meine eigene Lasagne warm und verbringe meine Schulpausen allein. Mum hat deswegen sogar schon Briefe von meinen Lehrerinnen bekommen. Einmal hat sie mich deshalb auf ihren Schoß gezogen und mir erklärt, dass ›Seltsamsein‹ etwas Gutes ist. Und dass die besten Menschen auf der Welt alle irgendwie seltsam sind. Der Trick ist nur, unter all den Menschen *diejenigen* zu finden, die auf die gleiche Art seltsam sind wie man selbst.

Jetzt gerade, am Kanal, glitzert das Wasser in der Sonne wie flackernde Regenbögen.

Kwame kratzt sich am Bein, wobei seine graue Jogginghose hochrutscht und Socken mit Tigerstreifen zum Vorschein kommen – genau die gleichen wie meine. Und da fange ich plötzlich an zu reden, obwohl ich das eigentlich gar nicht wollte.

»Unter dem Baum in der Schule habe ich eine Geisterfüchsin gesehen.«

Kwame schaut mich an, ohne zu blinzeln.

»Und eben auf dem Fahrrad bin ich ihr gefolgt – zumindest bis ich hingefallen bin. Sie war sogar die ganze letzte Nacht bei mir.«

Ich drehe mich zu der Stelle um, an der die Füchsin verschwunden ist. Jetzt liegt nur noch der leere Pfad vor mir, ohne Spuren von Regenbögen.

Außer meiner Mum habe ich noch niemandem

von den Geistertieren erzählt. Das liegt wahrscheinlich daran, dass ich schon so lange keine mehr gesehen habe. Am Anfang hat Mum die Tiere für Träume
gehalten, weil sie vor allem nachts zu mir kamen. Ich
rechne damit, dass Kwame so etwas Ähnliches sagen wird – dass es die Tiere nur in meinem Kopf gibt
oder dass ich sie mir ausgedacht habe.

Oder dass ich lüge.

Tatsächlich runzelt er für einen Moment die Stirn
und blickt sich um, so als wäre er nicht ganz sicher,
ob ich ihn reinlegen wollte. Doch dann schaut er wieder auf seine Zeichnung der fuchsähnlichen Kreatur
mit den Fledermausflügeln und der Löwenmähne hinunter. Er lächelt, bevor er eine leere Seite aufschlägt.

»Hatte deine Geisterfüchsin Flügel wie ein Falke
oder so was? Und wie groß waren ihre Reißzähne?«

Ich rümpfe die Nase. »Sie ist zwar ein Geist, aber
trotzdem nur eine ganz normale Füchsin.«

»Oh«, macht Kwame enttäuscht, doch dann zuckt
er mit den Schultern. »Meine Brüder und ich spielen
das Spiel zwar anders, aber so ist es auch cool. Kann
die Füchsin fliegen? Und ist sie durchsichtig?«

»Heißt das, du glaubst mir?«, frage ich überrascht.

Kwame hat sich bereits über sein Heft gebeugt und
zeichnet konzentriert mit der Zunge im Mundwinkel.
»Hm? Na klar! Hat die Geisterfüchsin irgendwelche
Superkräfte?«

Ich starre Kwame an, der immer noch seinen Helm trägt, wodurch sein Kopf riesig wirkt. Doch seine Augen strahlen warm und drücken pure Begeisterung aus. Und mein kaltes Herz flattert wieder wie ein aufgeregter Vogel.

»Die Füchsin kann nicht fliegen und hat auch keine Superkräfte«, sage ich. »Aber ihre Umrisse flackern in allen Regenbogenfarben, so wie bei einem Fernseher mit schlechtem Empfang. Außerdem habe ich das Gefühl, sie versteht mich irgendwie.«

Kwame nickt, während er sich um seine Zeichnung herum Notizen macht. »Ist sie allein, oder gibt es mehrere?«

Bei dem Wort allein krampft sich mein Herz zusammen. Ich halte noch einmal Ausschau nach der Füchsin. »Sie kommt allein, aber … jetzt ist sie weg.«

Kwame steht auf und lässt seinen Blick umhergleiten. »Mein Opa hat mir letztes Jahr einen Fuchsbau auf dem alten Schrottplatz gezeigt. Hast du Lust, mit mir auf Fuchssuche zu gehen? Vielleicht hat deine Füchsin ja irgendwelche Freunde – einen Drachen oder eine …«

Ich verdrehe die Augen und seufze so laut, dass Kwame grinst.

»Komm schon, Nora. Das wird ein Riesenspaß!«

Ich werfe einen Blick auf meinen Knöchel, während Kwame sein Fahrrad aufhebt.

»Du kannst hinter mir auf dem Gepäckträger sitzen«, schlägt er vor. »So mache ich das immer mit meinen Brüdern – das ist kinderleicht!«

Ich beiße mir auf die Lippe und muss wieder an seine Zeichnung von dem Mädchen unter dem Baum denken. *Nora braucht keine Hilfe.*

»Na los«, fordert Kwame mich auf. »Ich verspreche dir auch, dir auf gar keinen Fall zu helfen. Im Grunde hilfst du nämlich sogar mir. Denn wenn ich jetzt nach Hause fahren würde, müsste ich die ganze Zeit auf meine Brüder aufpassen.«

Zögernd stehe ich auf und schnalle mir meinen Helm auf.

Kwame grinst mich mit seinen tiefen Mondkrater-Grübchen an, bevor er mir Platz macht, damit ich hinter ihm aufs Fahrrad steigen kann. Vorsichtig klettere ich auf den Gepäckträger und versuche, meinen schmerzenden Knöchel nicht zu sehr zu belasten.

Da dreht Kwame sich noch einmal zu mir um. »Nora Frost, das wird der beste Ausflug unseres Lebens!«

7

Schon nach kurzer Zeit wird mir klar, dass Kwame zwar richtig toll zeichnen kann, aber beim Radfahren so lahm wie eine Schnecke ist.

Auf dem Kanalpfad langsam zu fahren, ist ja okay, schließlich habe ich keine Lust, wie mein Fahrrad im Wasser zu landen. Doch als wir den Kanal hinter uns lassen und auf den Schotterweg zum alten Schrottplatz abbiegen, wird die Fahrt nicht nur sehr holprig, sondern auch schrecklich mühsam. Überall liegen Stöcke herum, die unter den Reifen knacken, und Dornenbüsche strecken ihre Finger nach uns aus. Als wir den Hügel hinabfahren, hinter dem der alte Schrottplatz liegt, zieht Kwame die Bremsen so fest an, dass wir mit einem lang gezogenen Quietschen ins Tal rollen.

»Geht das nicht ein bisschen schneller?«, frage ich ihn.

Kwame lacht. »Manchmal ist Langsamsein besser. Damit man nichts übersieht.«

Seufzend schaue ich mich um. Die Sonne ist mittlerweile ganz aufgegangen, und ihre Strahlen fallen durch die Zweige über uns. Von irgendwoher kann ich das Klopfen eines Spechts hören, und Frühlingsduft liegt in der Luft. Es ist schön hier, und für einen Moment vergesse ich sogar die Traurigkeit über mein versunkenes Fahrrad. Aber das möchte ich Kwame nicht verraten.

Im Tal angekommen, sehen wir als Erstes das Schrottplatzschild und ganze Türme von alten Autos und Kühlschränken. Die metallenen Klauen der Schrottgreifer ragen in den Himmel, und der Maschendrahtzaun, der das Gelände umgibt, ist an einigen Stellen niedergerissen. Ich erinnere mich, dass ich einmal mit Saffie und ihrem Dad hier war. Damals wurde der Platz von einer zahnlosen alten Dame betrieben, die Saffies Dad geholfen hat, einen Ersatzsitz für sein Auto zu finden. Inzwischen ist der Schrottplatz stillgelegt, und die zerquetschten Autos lassen ihn so gruselig wirken wie einen zerstörten Friedhof.

Kwame bremst und steigt ab. »Cool hier, oder? Mein Dad will zwar nicht, dass ich ohne Erwachsene herkomme, aber wir sind ja vorsichtig. Wie geht's deinem Knöchel?«

Er versucht, meine Hand zu nehmen, während ich mich vom Gepäckträger schwinge, doch ich ziehe sie weg. Dann verlagere ich mein Gewicht vorsichtig auf beide Füße, um zu testen, ob der Schmerz noch da ist.

»Ich glaube, es wird besser«, erwidere ich. »Wo hast du den Fuchsbau eigentlich gesehen?«

»Da drüben um die Ecke. Mein Opa meint, der Schrottplatz ist der perfekte Ort für eine Fuchssuche, weil Füchse sich gern hier aufhalten. Sie können sich nämlich von all den Ratten ernähren, die sich zwischen dem Schrott verstecken. Ich habe sogar mal ein Bild von einer Fuchsratte gezeichnet, willst du es sehen?«

Ohne zu antworten, lasse ich meinen Helm auf den Boden fallen, steige über den heruntergerissenen Zaun und gehe zu der Stelle, auf die Kwame gezeigt hat. Er eilt hinter mir her.

Der Schrottplatz ist unglaublich groß, und überall stehen Türme von kaputten Dingen. Manche Autos sind zu zerquetschten Klötzen zusammengepresst, anderen wurde das Dach abgerissen wie die Deckel von Sardinenbüchsen. Ein scharfer Geruch nach Brennnesseln und Wildtieren liegt in der Luft, und sofort halte ich nach einem regenbogenfarbenen Flimmern Ausschau.

»Nora! Komm und guck dir das an!«, ruft Kwame, während er auf einen rostigen alten Kran klettert, der auf der Spitze eines Schlammhügels steht. Dann macht er eine Tür auf und kriecht auf den Fahrersitz, neben dem zahlreiche lange Hebel herausragen. Die Hebel sind dazu da, den riesigen Haken am Arm des Krans zu bewegen, um Autos aufeinanderzustapeln.

»Besonders vorsichtig bist du aber gerade nicht«, stelle ich fest.

Meine Mum hat mir schon viele Geschichten über Leute erzählt, denen sie helfen musste, weil sie auf Baustellen an den Geräten herumgespielt hatten. Alles ist ein lustiger Spaß, bis jemand verletzt wird, hat sie immer gesagt.

Ich entferne mich ein Stück, während Kwame etwas von Aliens murmelt und so tut, als würde er mit dem Kran auf sie schießen. Dann gehe ich um die nächste Ecke – und erstarre. Vor mir, auf einer halb im Schlamm versunkenen Mikrowelle, steht die Geisterfüchsin.

Ich drehe mich um, um nach Kwame zu rufen, doch dann überlege ich es mir anders. Schließlich habe ich die Füchsin auch ohne seine Hilfe gefunden. Ich hocke mich hin, damit Kwame mich nicht sieht, und strecke meine Hand nach der Füchsin aus.

»Hallo«, sage ich. »Ein Glück, dass ich dich nicht mit meinem Rad überfahren habe.«

Diesmal presst die Geisterfüchsin ihren Kopf nicht gegen meine Hand, sondern fängt an zu bellen. Ich springe auf.

»Was hast du denn?«, frage ich und weiche vor ihren Zähnen zurück. Plötzlich schnappt sie in Richtung meiner Knöchel, bevor sie um mich herumhuscht und am Boden schnüffelt, so als hätte sie eine Spur gewittert. Ich folge ihr und halte mich gebückt, damit Kwame mich nicht entdeckt – da höre ich auf einmal eine Stimme.

»Hey, Kwame-Lahmi!«

Ich blinzle durch die regenbogenfarbene Aura der Geisterfüchsin hindurch und erspähe Joel. Angeberisch stolziert er auf Kwames Kran zu, in der Hand eine rostige Eisenstange. Hektisch fummelt Kwame am Türgriff des Krans herum und beugt sich so tief hinunter, dass ich nur noch seinen Kopf sehen kann.

Doch kaum hat er es geschafft, die Tür zu öffnen, springt Joel auf die Trittstufe des Krans und kickt sie wieder zu. Kwame ist jetzt eingesperrt. »Was hast du auf dem Schrottplatz von meiner Oma zu suchen?«, fragt Joel unfreundlich.

Angst breitet sich auf Kwames Gesicht aus, und er sagt etwas, das ich nicht verstehe. Joel lacht auf.

»Aha, du spielst also wieder mit deinen imaginären Freunden.« Joel wendet sich nach links und tut so, als würde er sich vor jemandem verbeugen. »Hallo, wie geht es Ihnen heute, Herr Unsichtbar?«

Kwame erwidert etwas, und Joels hämisches Grinsen erstirbt für einen Moment. Wieder versucht Kwame vergeblich, die Tür zu öffnen. Plötzlich hebt Joel die Eisenstange und rammt sie von außen durch den Türgriff, um die Tür zu blockieren. Sein hämisches Grinsen kehrt zurück.

»Wie wär's mit einem richtigen Spiel, Kwame-Lahmi? Ein Spiel zwischen *uns*?«

Kwame schüttelt den Kopf.

»Ach, komm schon«, spricht Joel weiter.

Wieder schüttelt Kwame den Kopf.

»Glaub mir, das Spiel macht richtig Spaß! Es heißt *Kran außer Kontrolle*.«

Joel springt von der Trittstufe, geht um den Kran herum und fängt an, gegen die Holzblöcke vor den Rädern zu treten, die den Kran am Wegrollen hindern. »Pass auf, Kwame«, fährt er fort. »*Du* sitzt im Führerhaus … und *ich* sorge dafür, dass der Kran außer Kontrolle gerät.« Joel kickt weiter gegen die Blöcke, bis der Kran sich plötzlich gefährlich nach vorne neigt. Kwame schreit auf.

Die Geisterfüchsin knurrt, und ich knurre mit.

»Hey!«, schreie ich und balle die Fäuste. »Hau ab, Joel!«

Joel fährt herum, und für einen Moment flackert Angst in seinen Augen. Doch dann erkennt er mich, und sofort breitet sich sein typisches Grinsen aus.

»Wer ist das denn, Kwame? Etwa deine Freundin?«

»Ich bin *eine* Freundin«, rufe ich. »Und was du da machst, ist echt gefährlich!«

Zu meinen Füßen bellt die Geisterfüchsin, doch natürlich kann Joel sie weder hören noch sehen. Also lacht er bloß.

»Na logo«, ruft er zurück. »Genau das ist doch der Spaß daran!«

Er tritt noch einmal gegen einen Holzblock, und der Kran ächzt wie ein sinkendes Schiff. Wieder schreit Kwame auf, und diesmal guckt sogar Joel erschrocken drein.

»Nein!«, brülle ich und renne los, während Joel zurückweicht.

In Zeitlupe setzt sich der Kran in Bewegung und rollt den Schlammhügel hinunter, wobei er sich gefährlich um seine eigene Achse dreht. Kwame wird in der Kabine umhergeschleudert, auf seinem Gesicht der Ausdruck von Panik. Am Fuß des Schlammhügels ragen spitze Metallzinken und andere Gegenstände aus dem Boden, also springe ich auf die Trittstufe und versuche, die Eisenstange herauszuziehen. Kwame hämmert von innen gegen die Glastür, während ich mit aller Kraft ziehe, doch die Stange klemmt fest.

Ich drehe mich zu Joel um und sehe gerade noch, wie er über seine eigenen Füße stolpernd um die Ecke verschwindet.

»Hilfe, ich bin eingesperrt!«, schreit Kwame.

Panik breitet sich in mir aus, und ich bin wütend auf Joel, weil er uns im Stich gelassen hat. Da nimmt der Kran an Fahrt auf. Schnell schaue ich mich nach der Geisterfüchsin um, damit sie mir hilft, mich stärker zu fühlen, aber auch sie ist weg.

Auf einmal rutscht der Kran gegen die kaputte Tür eines alten Busses, und ich werde von der Trittstufe geschleudert. Unsanft lande ich auf meinem Rücken und kneife die Augen zu, damit ich nicht sehen muss, wie der Kran umkippt – da hört das Ächzen und Knarren plötzlich auf.

Ich öffne meine Augen. Der Kran bewegt sich nicht mehr. Ich stehe auf und halte in der Kabine nach Kwame Ausschau, aber ohne Erfolg.

»Kwame?«, rufe ich mit zittriger Stimme.

»Ja?« Ich drehe mich um. Kwame steht vor mir und klopft sich den Schmutz ab. Er lebt und sieht noch ganz genauso aus wie vorher – mit seinem Helm auf dem Kopf und seinem Pullover verkehrt herum. Erleichtert falle ich ihm um den Hals, was uns beide gleichermaßen überrascht.

»Wie bist du …?«, frage ich und lasse meinen Blick über den Kran gleiten. Im Türgriff klemmt immer noch die Eisenstange.

»Oh«, erwidert Kwame mit einem verlegenen Lächeln. »Es gab noch eine andere Tür.«

Ich verpasse ihm einen Klaps auf den Arm, aber

ich lache, und er lacht mit. Dann lassen wir uns nebeneinander auf den Rücken fallen und schauen zu den Autotürmen empor, die um uns herum in den Himmel ragen.

»Ist bei dir auch alles okay?«, fragt Kwame nach einer Weile.

Ich nicke und wische mir meine Hände am Overall ab. »Ja. Aber das war ganz schön gruselig.«

Wieder lacht Kwame auf. »Du solltest auch mal *Kran außer Kontrolle* spielen.«

Stirnrunzelnd richte ich mich auf. »Warum lässt du dir solche Sachen von Joel gefallen?«

Kwame setzt sich ebenfalls hin, doch er hält seinen Kopf gesenkt. »Wenn ich ihn ignoriere, lässt er mich manchmal in Ruhe.«

»Aber er mobbt dich«, entgegne ich. »Und gegen Mobber muss man sich wehren. Hast du schon mal einer Lehrerin davon erzählt?«

Kwame schüttelt den Kopf. »Nein, das ist nicht nötig. Ich komme alleine klar, wirklich.«

Seufzend lege ich ihm die Hand auf die Schulter. »Da bin ich mir nicht so sicher. Aber auf jeden Fall war es gut, dass ich heute dabei war und du nicht allein warst.«

Kwame lächelt schüchtern. »Als meine Freundin?«

Ich ziehe meine Hand zurück, und in dem Moment sehe ich die Geisterfüchsin auf dem Dach des

Krans stehen. Und sie schaut genau in das kalt-leere Loch in meiner Brust, in dem ich meine Geheimnisse aufbewahre. Da verstehe ich plötzlich, was sie mir die ganze Zeit über sagen wollte: dass es manchmal besser ist, *nicht* allein zu sein.

Kurz verdrehe ich die Augen, doch dann lächle ich Kwame an. »Also gut. Als deine Freundin.«

Kwame lächelt zurück und schreibt etwas in sein Heft, direkt unter die Zeichnung von mir unter der Winterkirsche. Ich recke meinen Hals und lese die vier Worte, von denen er das letzte dreimal unterstrichen hat:

TEIL ZWEI

DIE HÄSIN

8

Als Kwame es endlich geschafft hat, uns beide mit dem Rad nach Hause zu fahren, grummelt mein Magen wie Donner.

Kwame biegt in die Einfahrt des Hauses gegenüber von meinem ein, wo die Gartenzwerge auf der Vordertreppe eine Party feiern.

»Gehört das Haus deinem Opa?«, frage ich.

Nickend öffnet Kwame den Verschluss seines Helms. »Ja. Ich wohne mit meiner Mum, meinem Dad und meinen vier Brüdern um die Ecke. Aber weil bei uns immer der Teufel los ist, verbringe ich viel Zeit bei meinem Opa.«

Ich stoße einen Pfiff aus. »Vier Brüder sind ganz schön viele Jungs.«

Kwame rümpft die Nase. »Genau. Deshalb stinkt unser Haus auch immer nach Füßen.«

Ich muss lachen und werfe einen Blick auf die rote Tür meines eigenen Hauses, wo es nie nach Füßen stinkt. Früher hat es dort nach Seife, Gebäck und der

Farbe gerochen, mit der Mum und ich unsere Möbel lackiert haben. Manchmal riecht es auch heute noch so – allerdings ist in letzter Zeit ein neuer Geruch dazugekommen: ein süßlich-warmer Dunst, so wie wenn man krank ist und den ganzen Tag im Bett verbringt.

»Willst du mit reinkommen und was essen?«, fragt Kwame. »Ich kann uns Sandwiches machen. Mein Opa hat genug saure Gurken im Vorratsschrank, um ein ganzes Land zu ernähren.«

Ich spüre, wie Kwame mich mustert, also schüttle ich den Kopf. »Nein, ist schon okay. Meine Mum kocht heute Abend ein tolles Essen«, lüge ich.

Dann mache ich mich langsam auf den Weg über die Straße.

»Sehen wir uns später?«, ruft Kwame mir hinterher.

»Vielleicht«, antworte ich und winke, ohne mich umzudrehen.

Diesmal hängt kein Zettel an der Haustür, deshalb weiß ich nicht, ob ich reingehen darf oder nicht. Das ist irgendwie schön und nicht schön zugleich, weil ich keine Ahnung habe, was mich drinnen erwartet. Mum könnte in der Küche stehen und Zitronentörtchen backen oder noch in ihrem Zimmer eingeschlossen sein.

Ich spüre, dass Kwame mich immer noch beobachtet, deshalb fische ich schnell meinen Schlüssel aus der Tasche meines Overalls und sperre die Tür auf – und stoße beinahe mit Mum zusammen. Ihr Haar ist zu einem unordentlichen Knoten zusammengebunden, ihre Augen ängstlich aufgerissen.

»Nora!« Sie zieht mich ins Haus. »Wo bist du gewes–?«

Ihr Blick fällt auf meinen zerrissenen Overall, meine aufgeschürften Hände und den Schmutz auf meinen Sachen. Sofort breitet sich Panik in ihrem Gesicht aus.

»Nora, was ist passiert?«

»Tut mir leid, dass ich so aussehe«, entschuldige ich mich. Mein Magen krampft sich zusammen. »Ich bin am Kanal Rad gefahren, aber dann bin ich hingefallen und …«

Mum drückt mich kurz an sich, dann schiebt sie mich wieder weg. Sie ist blass, ihr Gesicht wütend verzogen. »Ich bin aufgewacht, und du warst nicht da! Nicht mal einen Zettel hast du mir hinterlassen! Und dann kommst du auch noch in diesem Zustand nach Hause! Ich dachte, dir wäre etwas Schreckliches passiert!« Ich senke den Kopf und spüre, wie mir Hitze in die Wangen schießt.

»Tut mir leid«, sage ich kleinlaut. »Ich wollte nicht, dass du dir Sorgen machst.«

Doch Mum hört mir nicht zu. Ihre Stimme zittert,

weil sie so große Angst gehabt hat, und das nur meinetwegen! Schuldgefühle brodeln in meiner Brust wie ein Ball glühender Lava.

Ich kneife die Augen zusammen und versuche, nicht zu weinen. Dann rufe ich mir ins Gedächtnis, was Mums Ärztin mir erklärt hat: dass Mum manchmal wütend werden könnte; und dass ihre Wut mit ihrer PTBS zu tun hat, nicht mit mir. Allerdings habe ich vergessen, was ich tun kann, damit Mum sich wieder beruhigt.

»Guck mich gefälligst an, wenn ich mit dir rede, junge Dame!«

Ich hebe meinen Blick, aber meine Brille ist so beschlagen, dass ich Mum nur als verschwommenen Umriss wahrnehme. Und auf einmal …

Mir stockt der Atem, als eine verängstigte Regenbogengestalt hinter Mum von der Treppe springt.

Ich erstarre, und sogar Mum hält einen Moment inne. Sie dreht sich um.

»Was ist los?«

Ich blinzle ein paarmal und halte nach Spuren der Geisterfüchsin Ausschau, doch ich sehe sie nicht. Schon wendet sich Mum wieder mir zu. Ihre Hände zittern, und ich nehme sie schnell in meine.

»Nichts ist los«, sage ich. »Tut mir leid, dass ich vom Fahrrad gefallen bin. Das wollte ich nicht, wirklich. Außerdem ist mein Fahrrad dabei in den Kanal gerutscht, und jetzt ist es weg. Ich weiß, dass du wütend bist, aber ich hab vergessen, was ich dagegen tun soll. Es tut mir so leid, ich …«

Obwohl ich mir Mühe gebe, kann ich meine Tränen nicht länger zurückhalten. Da erspähe ich plötzlich hinter Mums Rücken zwei lange, regenbogenfarbene Ohren, die genauso wild im Kreis umherrasen wie die Gedanken in meinem Kopf. Zwar kann ich das Geisterwesen nur unscharf erkennen, aber es ist auf keinen Fall die Füchsin. Sondern etwas anderes. Etwas Aufgeregtes und Verängstigtes.

Mum reibt sich über das Gesicht und atmet tief ein, so als würde es ihr schwerfallen, die nächsten Worte auszusprechen.

»Nora, mein Schatz, es tut mir leid. Meine Symptome spielen heute wieder verrückt.« Sie legt ihre Hand auf meine Schulter und drückt sie fest. »Ich habe gestern den ganzen Tag im Bett gelegen und an schlimme Dinge gedacht. Und als ich dich so verletzt gesehen habe, da …« Sie schließt mich in die Arme, und sofort muss ich noch mehr weinen.

»Tut mir leid, dass es dir wegen mir schlecht geht«, bringe ich hervor.

Mum küsst mich wieder und wieder auf den Kopf. »Aber das ist doch nicht deine Schuld, Nora. Weißt du das nicht mehr?«

Sie hilft mir, meine Schuhe auszuziehen, dann

führt sie mich ins Wohnzimmer, wo sie die Vorhänge öffnet, um Licht hereinzulassen. Anschließend setzt sie sich neben mich aufs Sofa, streicht meine Haare zurück und schaut mir direkt in die Augen.

Sie sieht erschöpft aus, und ich frage mich, ob mein Unfall dazu beigetragen hat.

»Tut mir leid, dass ich dich angeschrien habe, meine Süße.«

»Tut mir leid, dass mein Fahrrad weg ist, Mum.«

Noch einmal zieht sie mich an sich und flüstert mir nette Worte ins Ohr: dass die Sache mit meinem Fahrrad zwar schade ist, aber dass nichts auf der Welt wichtiger ist als ich und meine Gesundheit. Das kann ich gut verstehen, denn auch mir ist nichts wichtiger als Mum und ihre Gesundheit. Trotzdem tut es mir leid, was passiert ist.

Wieder beschlägt meine Brille, also setze ich sie ab, während Mum aufsteht, um den Erste-Hilfe-Kasten vom Küchenschrank zu holen.

Ohne Mum fühlt sich das Wohnzimmer leer an, deshalb putze ich schnell die Brillengläser mit meinem T-Shirt und sage mir, dass alles *gut* ist – da sehe ich plötzlich wieder den flitzenden Regenbogen. Blinzelnd schaue ich zu, wie die kleine Gestalt vom Kaminsims auf den Stuhl und dann auf den Couchtisch hüpft.

Hastig setze ich meine Brille wieder auf und kann endlich erkennen, was es ist: Vor mir sitzt eine Art überlanges Kaninchen mit dünnen Beinen und zerzaustem Fell. Nein, kein Kaninchen, schießt es mir durch den Kopf. Ein kleiner Hase – oder eher: eine Häsin!

Eine Geisterhäsin!

Ich springe genau in dem Moment auf, als Mum die Wohnzimmertür öffnet, und die Häsin huscht nach draußen.

»Also gut, runter mit den schlammigen Klamotten«, sagt Mum, ohne zu merken, wie sehr ich meinen Hals recke.

Immer noch mit zitternden Händen lösen Mum und ich die Knöpfe des Overalls, dann säubert Mum die Wunden an meinen Handflächen und Knien. Dabei lässt ihr Zittern allmählich nach, und auch ihr Atem geht wieder gleichmäßiger.

»Schön, dass du wieder Menschen verarzten kannst«, sage ich leise.

Ein vorsichtiges Lächeln huscht über Mums Gesicht, bevor sie mir mit gerunzelter Stirn ein Pflaster aufklebt. »Mir wäre es aber lieber, ich bräuchte *dich* nicht zu verarzten.« Sie schaut mich mit ernster Miene an. »Du musst besser auf dich aufpassen, Nora. Versprichst du mir, dass du in Zukunft vernünftig bist und nichts Gefährliches machst?«

Ich setze mich aufrecht hin. »Versprochen. Du brauchst dir um mich keine Sorgen zu machen.«

Früher hat Mum mir oft Geschichten über die Leute erzählt, denen sie als Sanitäterin geholfen hat. Dabei hat sie sich um Babys, ältere Menschen und eigentlich alle Altersgruppen gekümmert. Manchmal waren es so viele an einem Tag, dass Mum sich abends vor Erschöpfung nicht mehr selbst helfen konnte.

Ich frage mich, ob sie auch jetzt an diese Zeit zurückdenken muss, denn auf ihrer Stirn bildet sich eine kleine Falte. Schnell stehe ich auf.

»Es geht mir schon viel besser. Sollen wir vielleicht rausgehen?«

Mum schaut nach draußen in den Sonnenschein und beißt sich auf die Lippe. »Nora, ich glaube nicht ...«

Plötzlich knurrt mein Magen so laut, dass Mum laut auflacht.

»Weißt du was – ich hab eine bessere Idee: Du gehst nach oben und ziehst dich um, und ich mache uns in der Zwischenzeit eine Suppe mit warmem Brot. Was meinst du?«

Als Antwort grummelt mein Magen von Neuem, und Mum gibt mir einen Kuss auf den Kopf. Dann packt sie die Pflaster wieder ein und schiebt den Erste-Hilfe-Kasten in die allerhinterste Ecke des Küchenschranks.

Nachdem ich geduscht habe, suche ich mein Zimmer nach der Geisterhäsin ab. Ich kann sie nicht finden, also ist sie vermutlich nach draußen gerannt, wo sie hoffentlich weniger Angst hat.

Als ich in die Küche komme, starrt Mum gerade die Rückseite der Suppendose an, so als würde sie versuchen, Wörter einer fremden Sprache zu entziffern.

»Warte, ich helfe dir«, sage ich und schütte die Suppe in eine mikrowellengeeignete Schüssel. Dann schalte ich den Timer ein. »Kannst du nachgucken, ob das Brot fertig ist?«

Mum lächelt mich an. »Was würde ich nur ohne dich tun?« Mir wird innerlich so warm, als hätte ich die Suppe bereits gegessen.

Als Nächstes öffnet Mum den Backofen und schiebt den Fertigback-Brotlaib, den wir schon seit Ewigkeiten im Schrank liegen hatten, auf einen Teller. Dann atmet sie seufzend den Geruch ein und streckt ihre Hand danach aus. Ich verpasse ihr einen Klaps.

»Nicht! Der ist viel zu heiß!«

Mum lacht. »Wer von uns beiden ist hier eigentlich die Mutter?«

Anschließend verteilt sie die Suppe auf zwei Schäl-
chen und stellt sie auf ein Tablett. Doch anstatt alles
zum Küchentisch zu tragen, wo die Blumen von gestern schon die Köpfe hängen lassen, bringt sie es ins
Wohnzimmer.

Zusammen kuscheln wir uns unter eine Decke
aufs Sofa, und Mum streicht Butter auf das Brot, das
wir in unsere Schüsseln tunken. Ich genieße jeden
einzelnen Bissen, denn das Essen fühlt sich an wie
eine Umarmung von innen. Da der Schlechte Morgen
anscheinend zu einem Guten Nachmittag wird, drehe ich mich zu Mum und frage, ob wir Disney-Filme
gucken können – doch sie ist eingeschlafen.

Ich betrachte sie eine Weile, und dabei fällt mir
auf, dass ihre Stirn gerunzelt ist, so als hätte sie einen
Albtraum. Sofort steigen wieder Schuldgefühle in mir
auf, weil sie sich wegen mir so große Sorgen gemacht
hat.

Vorsichtig decke ich sie mit meinem Teil der Decke
zu und schalte den Fernseher ein, um Disney-Filme
mit leise gestelltem Ton laufen zu lassen. Und während ich kaum hörbar unsere Lieblingslieder mitsin-
ge, rücke ich immer näher an Mum heran, bis mein
Kopf auf ihrer Brust liegt. Ich höre ihr Herz im Takt
der Musik schlagen.

Irgendwann ist der Film zu Ende, und ich mache
mich gerade daran, einen neuen auszusuchen – als

auf einmal die Geisterhäsin ins Wohnzimmer gehoppelt kommt. Sie erstarrt, als sie Mum und mich auf dem Sofa erspäht.

»Hallo«, flüstere ich. »Bist du auch gekommen, um meine Freundin zu sein?«

Die Häsin stellt die Ohren auf, und ich sehe das regenbogenfarbene Herz in ihrem durchsichtigen Körper so schnell schlagen, dass ihre Rippen zittern.

»Ich tue dir nichts«, wispere ich. »Es gibt nichts, wovor du Angst haben musst.«

Der Blick der Häsin flackert zwischen mir und Mum hin und her, bevor sie wieder auf den Couchtisch springt. Ich lächle sie an und rücke behutsam von Mum ab, um sie nicht zu wecken. Dann strecke ich meine Hand nach der zuckenden Nase der Häsin aus.

Sie lässt mich so nah an sich herankommen, dass ich beinahe ihr regenbogenfarbenes Fell berühren kann. »Siehst du? Alles ist gut.«

Auf einmal bewegt Mum sich im Schlaf, und ich zucke zusammen, weil ich befürchte, sie geweckt zu haben. Sofort erschrickt sich die Häsin, legt ihre Ohren an und springt mit einem gewaltigen Satz vom Tisch.

Ich will ihr hinterherlaufen, denn vielleicht rennt sie ja zu Kwames Opa, wo es Sandwiches mit sauren

Gurken gibt. Doch schon im nächsten Augenblick entfährt Mum ein Seufzer, und die Falte auf ihrer Stirn kehrt zurück. Also lasse ich meine Beinahefreundin allein zur Tür hinaushuschen.

9

Als ich am Sonntag aufwache, scheint die Sonne bereits strahlend hell. Schnell taste ich nach meiner Brille und schaue mich nach Spuren der Füchsin oder der Häsin um, aber ich kann keine Regenbogenfarben erkennen.

Enttäuschung breitet sich in mir aus. Denn obwohl die Füchsin mich geradewegs in Joels Arme geführt hat, mein Fahrrad weg ist und Kwame fast mit einem Kran verunglückt wäre, war es schön, sie bei mir zu haben.

Mit den Geistertieren in meiner Nähe habe ich mich immer mutig gefühlt. Und mit der Füchsin war ich irgendwie weniger allein. Vielleicht, weil sie mich dazu gebracht hat, mich mit Kwame anzufreunden, der auf die gleiche Art seltsam ist wie ich. Die Häsin von gestern scheint allerdings anders zu sein, und ich frage mich, was sie will. Oder ob sie meine Hilfe braucht.

Ich klettere aus dem Bett, ziehe die Vorhänge zur

Seite und blinzle auf die Straße. Mein Zimmer liegt auf der Vorderseite des Hauses, deshalb kann ich auf die Zufahrt zum Radweg hinunterschauen, den ich immer zur Schule nehme. Außerdem sehe ich die Straße, die sich den Hügel hinabschlängelt. Wieder und wieder suche ich die Umgebung nach einem regenbogenfarbenen Schimmer ab, der um die Ecke huscht.

Gerade will ich mich abwenden, um zu schauen, ob Mum schon wach ist, da sehe ich, wie ein Vorhang im Haus gegenüber zuckt. Und dann erscheint Kwames Gesicht am Fenster, strahlend wie die aufgehende Sonne.

Kwame winkt, und ich winke kurz zurück. Anschließend versucht er, etwas zu mir zu sagen, doch trotz meiner Brille kann ich seine Lippen nicht lesen. Ich zucke übertrieben deutlich mit den Schultern, woraufhin er mir andeutet, zu ihm herüberzukommen.

Ich trete einen Schritt zurück und lausche. Aus Mums Zimmer ist nichts zu hören.

Wieder schaue ich zu Kwame hinüber und überlege, wie ich ihm in Zeichensprache mitteilen soll: Vielleicht komme ich gleich zu dir – je nachdem, ob heute ein Guter oder ein Schlechter Morgen ist. Ich entscheide mich, einen Finger hochzuhalten, was so viel bedeutet wie: Gib mir eine Minute. Schon leuchtet sein Lächeln wieder auf.

Ich ziehe mich an und schleiche auf Zehenspitzen über den Treppenabsatz zu Mums geschlossener Zimmertür. Als sich nichts rührt, steige ich leise die Treppe hinunter und suche alle Zimmer nach Mum oder den Geistertieren ab. Allerdings finde ich nichts außer einer Handvoll alter Fotos auf dem Küchentisch und einem Stapel Schmutzgeschirr in der Spüle.

Ich schütte mir Cornflakes in eine Schüssel und gucke mir die Fotos an. Sie alle zeigen mich, als ich noch ein Baby oder Kleinkind war. Mum sagt immer, dass ich früher Dad ähnlich gesehen habe, doch ich finde, ich ähne Mum. Wir haben das gleiche spitze Kinn, abstehende Ohren und wildes braunes Haar. Allerdings waren meine Haare damals noch deutlich heller. Und jetzt, wo ich die Fotos von mir und Dad anschaue, wirkt es so, als hätte er sich einfach ein paar Haarbüschel abgeschnitten und sie mir auf den Kopf geklebt.

Die Bilder, die ich gerade in der Hand halte, zeigen Dad und mich auf Erkundungstouren über Berge und Strände sowie durch Höhlen. Wir beide tragen Hüte und T-Shirts, auf denen Dads Markenzeichen aufgedruckt ist: Tigerstreifen. Auch jetzt trage ich noch gerne Sachen mit Tigerstreifen. Zum einen, weil ich zeigen möchte, dass ich ein genauso wundervoll-wilder Wirbelwind sein kann wie Dad; und zum anderen erinnern sie mich an den Geistertiger, der sich bei Dads Abreise zu mir gesetzt hat, damit ich mich stärker fühle. In letzter Zeit trage ich allerdings nur noch Socken mit Tigerstreifen. Manchmal wird Mum nämlich traurig, wenn sie an die Scheidung denken muss. Natürlich geht es uns trotzdem gut, auch ohne Dad. Außerdem ruft er ja manchmal an. Nur hat er eben einen sehr wichtigen Job, bei dem er Wildkatzen in Indien rettet.

Während ich durch die Fotos blättere, fällt mir auf, dass auf manchen davon ein Schatten im Hintergrund ist. Zuerst denke ich, es könnte Mum sein, doch das kann nicht stimmen. Denn die Schattenperson ist größer als Mum und steht aufrechter. Außerdem hat sie die Arme vor der Brust verschränkt – was Mum nie tut. Ich kneife die Augen zusammen, als ich auf einem Foto noch einen weiteren Schatten erkenne, der auf der Schulter der Schattenperson sitzt. Doch bevor ich weiter darüber nachdenken kann, klopft es an der Haustür.

Ich springe auf, um zu öffnen, bevor Mum von dem Lärm geweckt wird. Kwame steht vor mir.

»Du meintest, du brauchst nur eine Minute!«, sagt er viel zu laut.

»Schsch«, zische ich. Dann schnappe ich mir meinen Schlüssel und meine Schuhe und ziehe die Tür hinter uns zu.

Kwame eilt bereits über die Straße, sodass ich rennen muss, um ihn einzuholen. Drüben angekommen, zieht er mich so stürmisch die Vordertreppe hinauf, dass ich beinahe die Gartenzwerge umwerfe. Und drinnen versucht er dann, mir die Schuhe auszuziehen – was natürlich unmöglich ist, wenn ich auf meinen Füßen stehe. Kurzerhand schubse ich Kwame weg und ziehe die Schuhe selbst aus.

»Komm schon!«, fordert er mich auf, und ich folge ihm durch das Haus, in dem es ein bisschen nach sauren Gurken riecht.

Überall an den Wänden hängen Fotos in braunen Rahmen, und die Küche ist ein einziges Durcheinander. Sie sieht aus, als wäre sie aus lauter verschiedenen Küchen zusammengesetzt.

Vor dem Fenster erstreckt sich ein riesiger Garten, in dem die verschwommenen Umrisse von zwei Jungen herumlaufen.

»Wer ist das?«, frage ich, während Kwame die Hintertür aufschiebt. Quietschen und Kreischen dröhnt uns entgegen.

Kwame verdreht die Augen. »Meine Brüder. Der mit dem Mülltüten-Umhang ist Owen, und Payne rennt ihm hinterher. Baby John isst wahrscheinlich irgendwo Gras, und Izaak ist nicht hier. Normalerweise sind meine Brüder nicht mit bei Opa, also ignorier sie einfach.«

Ich folge Kwame in den wild wuchernden Garten,

und wir hüpfen in unseren fast gleichen Tigersocken von Stein zu Stein.

Einmal stoßen wir beinahe mit Owen und Payne zusammen, wobei mir auffällt, wie ähnlich sie Kwame sehen. Wobei, ein paar Unterschiede gibt es zwischen ihnen schon: Owen hat den gleichen Afro-Haarschnitt wie Kwame, doch sein Gesicht ist länglicher und seine Augenbrauen dicker; Payne hat genauso große Augen wie Kwame, aber anstatt zwei Grübchen in den Wangen hat er eins am Kinn. Die beiden Jungen schießen mit unsichtbaren Pistolen aufeinander, kreischen und schubsen sich. Außerdem muss ich Baby John ausweichen, das mit breitem Grinsen Gras aus dem Rasen rupft.

Kwame senkt den Blick, als er an seinen Brüdern vorbeigeht, und führt mich zu einem alten Wohnwagen im hinteren Teil des Gartens. Überall wachsen Unkraut und Efeu, und ein paar Insekten surren herum. Der Wohnwagen selbst ist von Moos bewachsen, außerdem sind seine Reifen platt und die Fenster eingeschlagen. Die ganze Szene sieht aus, als würde der Garten nach dem Wagen greifen, um ihn für immer bei sich zu behalten.

»Das ist ja wie im Dschungel!«, rufe ich über das Geschrei von Kwames Brüdern hinweg.

Anstatt einer Antwort gibt Kwame ein Brüllen von sich, so als wären seine Tigersocken sein wahres Ich.

Dann stößt er die Tür des Wohnwagens auf – und mir stockt der Atem:

Überall liegen perfekt gelungene Zeichnungen meiner regenbogenfarbenen Geisterfüchsin herum.

10

Ich strecke meinen Arm aus, um Kwame daran zu hindern, in den Wohnwagen zu gehen.

»Hast du die alle gemalt?«, flüstere ich.

Strahlend duckt Kwame sich unter meinem Arm hindurch in den Wagen. »Gefallen sie dir? Ich hab gestern den ganzen Nachmittag lang Füchse gezeichnet. Fast eine ganze Packung Buntstifte habe ich dafür verbraucht.«

Er knallt die Tür hinter uns zu, woraufhin ein Bücherregal wackelt, als würde es jeden Augenblick umfallen. Überhaupt macht alles im Wohnwagen den Eindruck, als wäre es nicht besonders stabil. Zwei abgewetzte Sessel stehen neben einem Loch in der Wand, durch das Unkraut hereinwuchert. Auf der kaputten Arbeitsplatte der Küchenzeile stapeln sich schmutzige Blumentöpfe. Und neben dem zerbrochenen Fenster befindet sich ein wackeliger Tisch mit ein paar Stühlen, der von unzähligen Zeichnungen meiner Geisterfüchsin bedeckt ist.

Ich nehme eins der Bilder in die Hand. Die gemalte Füchsin sieht genauso aus wie die echte – mit den gleichen schwarzen Ohrspitzen und dem gleichen hungrigen Maul.

»Früher habe ich nie normale Füchse gemalt – auch nicht in Regenbogenfarben«, erzählt Kwame mir. »Normalerweise zeichne ich sie nämlich immer mit Reißzähnen oder Mähnen oder so was. Deshalb dachte ich zuerst, ein normaler Fuchs wäre langweilig. Dabei sind Füchse total cool, findest du nicht? Opa und ich haben im Lexikon nachgeschaut und herausgefunden, dass sie Tasthaare an der Schnauze *und* an den Beinen haben. Außerdem fressen sie nicht nur Tiere, sondern auch Beeren und so 'n Zeug.«

Kwame spricht sehr schnell und tritt vor Aufregung von einem Bein aufs andere, aber er weicht meinem Blick aus. Deshalb packe ich ihn am Arm, damit er mir zuhört.

»Die Zeichnungen sind perfekt, Kwame! Sie sehen aus wie echt!«

Kwame strahlt, und wir lassen uns auf die abgewetzten Sessel fallen, deren herausstehende Federn in
unsere Rücken piken. Schon holt Kwame wieder sein
Heft heraus und kippt seine Buntstifte auf den Boden.

»Was soll ich als Nächstes zeichnen?«, fragt er
mich. »Vielleicht ein Känguru oder – oh, ein Adler
wäre cool!«

Ich klammere mich an den Armlehnen fest und
drehe mich zur Tür. »Wie wäre es mit einer Häsin?«

Kwame rümpft die Nase. »Du meinst ein Kaninchen?«

Plötzlich schwingt die Tür auf, und ein lachender
alter Mann mit Spazierstock steht davor.

»Aber nein, Kwame«, sagt der Mann kopfschüttelnd. »Hasen sind ganz andere Tiere als Kaninchen.
Hörst du deinem Opa nie zu?«

Der alte Mann hebt einen Fuß und setzt ihn auf die
Treppe. Sofort springt Kwame auf und hilft seinem
Opa in den Wohnwagen, bevor er ihn auf den Sessel setzt. Ich fange an herumzuzappeln, weil ich nicht
weiß, ob ich auch aufstehen soll – da lässt Kwame
sich mit auf meinen Stuhl plumpsen, sodass er praktisch auf meinem Schoß sitzt. Ich verpasse ihm dafür
einen kleinen Tritt.

»Was ist denn der Unterschied zwischen Hasen
und Kaninchen?«, fragt Kwame, während er ein wenig von mir abrückt.

Kwames Opa lächelt, und auf seinem faltigen Gesicht entstehen die gleichen Grübchen wie bei Kwame. Die wenigen übrig gebliebenen Haarbüschel auf seinem Kopf sind genauso weiß und flaumig wie seine Augenbrauen und sein Ziegenbart.

»Hasen sind viel größer. Außerdem haben sie längere Ohren und eine längere Blume – so nennt man ihren Schwanz. Und sie sind die schnellsten Landtiere im ganzen Land.«

»Wirklich?«, frage ich, während Kwame sich eifrig Notizen macht.

»Aber ja! Wenn sie wollen, können sie bis zu siebzig Stundenkilometer schnell rennen. Und wie schnell rennst du, kleine Miss – wie heißt du eigentlich?«

Schnell kritzelt Kwame etwas auf eine freie Seite in seinem Heft, reißt sie raus und steckt sie in die Brusttasche meines T-Shirts, sodass sein Opa die Schrift sehen kann:

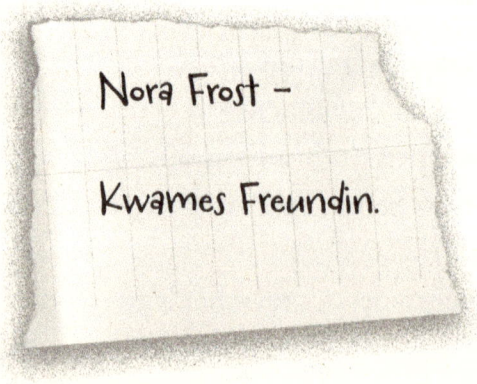

Nora Frost –

Kwames Freundin.

So ein Namensschild zu tragen fühlt sich gut an, und es bringt den alten Mann zum Lächeln.

»Ich brauche solche Zettel für mein Gedächtnis«, erklärt er. »Kwame ist ein guter Junge, er hilft mir immer.«

Kwame nickt, dann beginnt er, ein langes Paar Ohren zu zeichnen. »Nora kann superschnell Rad fahren, Opa. Wenn sie will, erreicht sie bestimmt auch siebzig Stundenkilometer.«

Der alte Mann strahlt. »Oh, das würde ich gerne mal sehen. Zeigst du es mir, Nora?«

Ich spüre, wie ich rot werde. »Na ja, schon … nur habe ich leider kein Fahrrad mehr.«

»Aber ich wette, du kannst genauso schnell rennen«, schaltet sich Kwame ein, der immer noch zeichnet.

Ich zucke mit den Schultern – da schwingt die Wohnwagentür ein weiteres Mal auf. Owen und Payne poltern völlig außer Atem herein.

»Ich bin auf jeden Fall schneller als du!«, kräht Owen.

»Quatsch«, protestiert Payne und schubst ihn von der Treppe. »Der Schnellste bin ich!«

»Hört auf, uns hinterherzuspionieren«, murrt Kwame, doch er spricht so leise, dass seine Brüder ihn nicht hören.

Der alte Mann hält einen Finger hoch, und sofort herrscht Ruhe. »Lasst uns *Hasenjagd* spielen«, schlägt er vor.

Sofort brechen Kwames Brüder in Jubel aus, und sogar Kwame rennt nach draußen. Ich bleibe mit dem alten Mann allein zurück.

»Willst du nicht mitspielen, Nora?«

Ich zupfe an dem zerschlissenen Sesselstoff herum. »Nein, ich bin zu alt für so was.«

Kwames Opa kneift die Augen zusammen. »Außerdem willst du deine Geisterhäsin finden, nicht wahr?«

Mein Herz setzt einen Schlag aus, und ich werfe einen verärgerten Blick nach draußen, wo Kwame hinter seinen Brüdern herläuft. »Er hat es Ihnen erzählt?«

Kwames Opa lacht. »Nein, keine Sorge. Aber ich habe seine Notizen und Zeichnungen gesehen. Mein Gedächtnis ist zwar nicht mehr das beste, aber ich war schon immer der Meinung, dass man durch ein bisschen Lesen viel lernen kann.«

Ich seufze und mustere den alten Mann aus dem Augenwinkel, um zu sehen, ob er mir glaubt. »Die Häsin läuft immer vor mir weg«, sage ich. »Ich weiß auch nicht, was sie von mir will.«

»In meiner Jugend bin ich mit diesem Wohnwagen durch ganz Europa gefahren, um verschiedenen Tieren zu folgen«, erzählt er mir. »Bei Hasen kann das sehr knifflig sein, weil sie so schnell sind und sich außergewöhnlich gut verstecken können. Und wenn sie Angst haben, frieren sie regelrecht ein. Deshalb sind sie schwierig zu entdecken. Vielleicht musst du dich ein bisschen mehr anstrengen, um deine Häsin zu finden.«

Ich werfe einen Blick durch das kaputte Fenster und beobachte Kwame, der seinen Brüdern beim Wettrennen zuschaut.

»Kwame kann sich auch gut verstecken«, sage ich. »Aber ich habe ihn trotzdem gefunden.«

Der alte Mann blinzelt. »Dann bist du eine sehr aufmerksame Beobachterin, Nora. Aber was ist mit dir selbst? Versteckst du dich auch manchmal? Oder benutzt du deine Schnelligkeit, um vor deinen Problemen davonzulaufen?«

Ich hole Luft, um etwas zu erwidern – da sehe ich plötzlich einen regenbogenfarbenen Schimmer an den Fersen von Kwames Bruder aufblitzen.

Ich springe auf, und das Blut rauscht in meinen Ohren, doch schon im nächsten Moment ist der Schimmer verschwunden.

»Ich laufe nicht vor meinen Problemen davon«, sage ich mit fester Stimme.

Kwames Opa nickt und lächelt dabei so breit, dass ich immer mehr Zahnlücken erkennen kann. Ich gehe vorsichtig zur Tür und trete langsam nach draußen, obwohl meine Beine so kribbeln, dass ich am liebsten der Häsin hinterhersprinten würde.

Eine Weile schaue ich mir blinzelnd die Sonne, den Garten und Kwames wild herumrennende Brüder an. Plötzlich macht einer von ihnen einen gewaltigen Sprung und landet wie ein Superheld im Gras, bevor sein Blick auf den Zettel in meiner Brusttasche fällt.

»Nora, du bist der Hase!« Er zeigt mit dem Finger auf mich.

Keine Sekunde später ertönt lautes Gebrüll, und Kwames anderer Bruder kommt mit Baby John an der Hand aus dem Gebüsch gestürmt. Sofort versuchen die beiden großen Jungen, mir das Stück Papier zu klauen, doch ich ducke mich geschickt zwischen ihren Armen hindurch.

»Hey, was soll das?«, fauche ich sie an, während ich weiter nach der Geisterhäsin Ausschau halte.

»Der Zettel in deinem T-Shirt bedeutet, dass du der Hase bist«, erklärt Kwame, nachdem auch er mit einem Sprung vor meinen Füßen gelandet ist. Seine Finger sind zu Krallen gebogen. »Und wir sind die Hunde, die dich kriegen müssen!«

Er versucht, mich zu packen, doch ich drehe mich um und springe über eine Reihe zugewucherter Blumenbeete hinweg. Allgemeines Geschrei ertönt, als ich losrenne und im Zickzack durch den Garten flitze. Kwame versucht mich in eine Ecke zu drängen, doch ich merke, was er vorhat, und flutsche zwischen seinen Beinen hindurch. Vor Staunen zieht er seine Augenbrauen fast bis zum Haaransatz hoch.

Alle Jungen lachen übermütig, und ich stelle überrascht fest, dass ich mitlache.

»Sie ist einfach zu schnell!«, ruft einer von ihnen.

Kwames Opa steht am Fenster des Wohnwagens und applaudiert – und plötzlich schießt mir ein Gedanke durch den Kopf: Bin ich vielleicht nur *deswegen* so schnell, weil ich vor meinen Problemen davonlaufe?

Ich bleibe wie angewurzelt stehen, und um ein Haar wäre Kwame mit mir zusammengestoßen. Er nutzt die Gelegenheit und schnappt sich den Zettel aus meinem T-Shirt.

»Juhu, ich hab ihn!«, jubelt er, doch keine Sekunde später macht einer seiner Brüder sich damit aus dem Staub. Der andere Bruder jagt hinter ihm her.

»Oh«, macht Kwame nur, dann lässt er sich lächelnd ins Gras fallen. Er holt sein Heft aus der Tasche. »Das hat echt Spaß gemacht.«

Ich setze mich neben ihn und zupfe ein paar Gänseblümchen aus dem Rasen. Dabei denke ich immer noch darüber nach, was Kwames Opa zu mir gesagt hat. Ich spüre, wie mein Bauch vor Wut zu kribbeln beginnt. »Dein Opa denkt, er weiß ziemlich viel, hm?«, murmle ich.

Kwame runzelt die Stirn. »Er denkt das nicht nur, sondern er weiß wirklich viel. Bevor er in den Ruhestand gegangen ist, war er nämlich Wissenschaftler. Zwar lässt sein Gedächtnis ihn manchmal im Stich, und er verwechselt mich dauernd mit meinen Brüdern, aber er kennt sich supergut mit Tieren aus.« Kwames Lächeln kehrt zurück. »Das ist übrigens auch sehr nützlich für die Suche nach Geistertieren.«

Ich lasse die Gänseblümchen auf den Boden fallen. »Bist du oft bei deinem Opa?«

Kwame nickt. »Fast immer. Hier ist es so schön ruhig – na ja, meistens jedenfalls.« Er deutet mit einer Geste auf seine herumtobenden Brüder am anderen Ende des Gartens.

»Außerdem braucht Opa in letzter Zeit mehr Hilfe«, fährt Kwame fort. »Nur ist er grottenschlecht darin, um Hilfe zu bitten.« Er sieht mich an, als wollte er mich wie ein offenes Buch lesen. Ich weiche seinem Blick aus und räuspere mich. »Findest du es manchmal anstrengend, dich um ihn zu kümmern?«

Kwame lässt seinen Buntstift über das Papier kratzen. »Manchmal schon«, gibt er zu. »Zum Beispiel, wenn mein Opa sich ärgert, weil er nicht mehr die gleichen Sachen machen kann wie früher. Dann werde ich traurig, weil ich sehe, dass ihn das traurig macht. Aber meine Mum und mein Dad sind auch oft hier, deshalb bin ich nie allein.«

Ich knibble an den Pflastern an meiner Hand herum, und wir schweigen eine Weile.

»Hast du eigentlich auch Großeltern?«, fragt Kwame schließlich.

Ich schüttle den Kopf. »Die Eltern von meiner Mum sind gestorben, bevor ich geboren wurde.«

»Und die von deinem Dad?«

Ich ziehe die Augenbrauen zusammen, während ich mich an den verschwommenen Schatten erinnere, den ich im Hintergrund der Fotos gesehen habe.

»Ich weiß nicht …«

Auf einmal schiebt Kwame eine perfekt gelungene Zeichnung der Geisterhäsin zu mir herüber, auf der die Häsin den Mond betrachtet. »Wenn du willst, können wir meinen Opa teilen«, sagt er. »Und auch meine Mum und meinen Dad.«

Ich stehe auf. »Nein, danke. Ich habe meine eigene Mum, und die ist spitze.«

Kwame sagt noch etwas, doch ich höre nicht mehr richtig zu. Aber als ich mich auf den Heimweg mache, sehe ich, wie sein Opa mich vom Wohnwagen aus beobachtet. Und dann erspähe ich eine regenbogenfarbene Häsin, die in Windeseile vor Kwames Brüdern davonläuft.

11

Am Montagmorgen werde ich von Stimmen geweckt, die von unten in mein Zimmer dringen.

Bevor Mum PTBS bekommen hat, hat sie dauernd Leute eingeladen, genau wie ich. Deshalb war unser Haus immer voller Menschen, die gar nicht hier wohnen. Allerdings ist das schon lange her, und deshalb bleibt mein Herz wegen der fremden Geräusche fast stehen.

Ohne mich anzuziehen, schleiche ich auf Zehenspitzen die Treppe hinunter. Als ich auf der untersten Stufe ankomme, sehe ich neben meinen schlammverkrusteten Turnschuhen zwei große schwarze Stiefel. Außerdem hängt ein überlanger Mantel am Kleiderhaken, der weder mir noch Mum gehört.

Durch die Küchentür höre ich leises Gemurmel.

»… und kommen wirklich gut zurecht, Bill. Wir beide. Wir brauchen keine Hilfe.«

Ich seufze erleichtert, als ich Bills Namen höre, hüpfe die letzte Stufe hinunter und platze in die Küche. Mum und Bill sitzen am Tisch, dampfende Teetassen in den Händen.

Mum hört auf zu sprechen, und Bill steht grinsend auf, um mich extrafest zu umarmen. »Nora! Wie geht es dir?«

Ich schlinge meine Arme um seine Taille, ohne dass meine Hände sich hinter seinem Rücken berühren können. Bill hingegen könnte mich glatt zweimal umfassen, wenn er wollte. Sein Schnurrbart ist auffällig dick, und er hat eine laute, donnernde Stimme. Manchmal erinnert er mich ein bisschen an eine Zeichentrickfigur.

Genau wie Mum ist Bill Rettungssanitäter, und die beiden sind zusammen im Krankenwagen gefahren. Manchmal saß Bill am Steuer, und Mum hat sich um die Verletzten gekümmert, manchmal umgekehrt. Mum sagt immer, wenn man sechs Jahre lang zusammen durch dick und dünn gegangen ist, gehört man zur Familie.

Manchmal wünschte ich, mein Dad wäre noch da und könnte so sein wie Bill. Aber Bill hat natürlich seine eigene Familie – zwei erwachsene Töchter, die ich immer nur sehe, wenn wir gemeinsam grillen.

»Was machst du hier?«, frage ich, während ich mich neben ihn auf die Bank setze und mir eine Scheibe Toast nehme.

Bill lacht auf. »Na, das ist aber keine nette Begrüßung.«

Ich verdrehe die Augen. »Du weißt, wie ich das meine. Ich hab dich vermisst.«

Bill wirft Mum einen Blick zu, und aus irgendeinem Grund wird Mum rot. Ich runzle die Stirn, doch Bill lächelt weiter. »Ich dich auch, meine Kleine. Erzähl mir mal von deinen Abenteuern – ich hab gehört, dein Fahrrad ist weg?« Er zupft an einem der Pflaster an meiner Hand, die sich inzwischen lösen.

Hitze schießt mir ins Gesicht, aber ich berichte ihm trotzdem von dem Unfall. Dabei weiche ich Mums Blick aus und gebe mir Mühe, die Geisterfüchsin nicht zu erwähnen.

»Wenigstens bist du nicht selbst im Wasser gelandet«, witzelt Bill, bevor er sich Mum zuwendet. »Weißt du noch, wie oft wir zu diesem Kanal gerufen wurden, Miri?«

Erschrocken schaue ich zu Mum hinüber, denn manchmal genügt ein Gespräch über ihren Job, um ihre Symptome auszulösen. Doch diesmal lacht sie bloß. »Letztes Jahr waren wir dort praktisch Dauergäste. Und das nur wegen der kaputten Kanus, die bei der Pfadfinderhütte stehen.«

Bill schüttet uns Orangensaft ein und steckt noch mehr Brote in den Toaster, damit Mum und ich nicht aufstehen müssen. Es ist schön, Mum über Bills schlechte Witze lachen zu sehen. Genauso schön ist es, als Bill nach dem Frühstück den Abwasch macht.

Pfeifend schüttet er viel zu viel Spülmittel ins Spülbecken, bis die Blasen wie Bäume in die Höhe schießen. Mum zwinkert mir zu.

»Was machen wir heute?«, frage ich. »Fährt Bill mit uns irgendwo hin?«

Bill kann mit seinem Jeep kreuz und quer durch jedes Gelände brausen, deshalb sind unsere Ausflüge immer ziemlich matschig und wild.

Lächelnd nimmt Mum einen Schluck von ihrem Tee. »Du hast Schule, Nora. Heute ist Montag.«

»Ach so, ja.« Ich verziehe das Gesicht, als mir klar wird, dass ich schon wieder einen Guten Morgen verpasse. »Aber warum ist Bill dann hier?«

Mum schaut zu Bill hinüber und senkt ihre Stimme. »Wir müssen ein paar Dinge besprechen. Aber weißt du was – wenn du dich jetzt schnell anziehst und nett fragst, bringt er dich vielleicht mit dem Jeep zur Schule.«

Bill bespritzt uns mit Spülwasser, und ich springe auf. Dann zögere ich einen Moment, weil ich eigentlich gern bei Mum bleiben möchte. Doch sie seufzt und greift nach einem Geschirrtuch. »Bill, mit der Unmenge von Spülmittel könntest du einen ganzen Elefanten waschen.«

Bill lacht donnernd und erwidert: »Bei eurem

schmutzigen Geschirr brauchen wir jede Hilfe, die wir kriegen können.«

Ich lächle und lasse die beiden allein zurück, während sie sich gegenseitig Seifenblasen zuschnipsen. Als ich oben im Bad bin, wasche ich mich und klebe mir neue Pflaster auf meine Hände und Knie, jeweils mit einem Tupfen antibakterieller Salbe darunter. Die Salbe ist kalt, und ich zucke zusammen, weil sie in den Wunden brennt. Wieder muss ich an Mums entsetztes Gesicht denken, als sie mich so verletzt gesehen hat – da springt plötzlich die Geisterhäsin aus der Wanne.

Wir beide erstarren.

Die Häsin sieht genauso aus wie auf Kwames Zeichnungen. Sie hat lange Ohren und Gliedmaßen sowie einen verängstigten Gesichtsausdruck.

»Bitte lauf nicht weg«, flüstere ich ihr zu.

Die Häsin beobachtet mich, während ich langsam meine Schuluniform anziehe. Am liebsten würde ich die Hand ausstrecken, um herauszufinden, ob sie sich genauso kalt-leer anfühlt wie die Füchsin. Doch irgendetwas sagt mir, dass ich sie damit verschrecken würde.

Deshalb schaue ich meiner Besucherin einfach eine Weile zu, bis ich Mum rufen höre. »Nora! Du kommst zu spät!«

Die Häsin zuckt mit den Ohren, dann hoppelt sie um die Badezimmertür herum. Ich springe auf und eile hinter ihr die Treppe hinunter. Im Flur rennt die Häsin ein paarmal um meine Schuhe, bevor sie zwischen meinen Beinen hindurchschlüpft. Als ich mich umdrehe, stoße ich mit Bill zusammen. Seine Haare sind nass, und über seiner Schulter hängt ein durchweichtes Geschirrtuch.

»Huch!«, entfährt es mir, doch Bill fängt mich in seinem Arm auf. Dann hockt er sich mit knackenden Knien hin.

»Deine Mum sagt, du hast Lust auf eine kleine Spritztour mit dem Jeep?«

Ich nicke und versuche, über Bills Kopf hinweg nach der Häsin Ausschau zu halten. Mein Blut prickelt vor Aufregung. »Ja, das wäre toll«, sage ich. »Wenn das okay ist.«

Bills Augen leuchten auf. »Aber natürlich.«

Ich versuche, um ihn herumzugehen, damit ich weiter nach der Häsin suchen kann, doch Bill hält mich fest. Er schaut mich genauso besorgt an wie Kwame manchmal: so als wollte er mich lesen wie ein offenes Buch.

»Wie geht es dir sonst so, Nora?«, fragt er. »Kommt ihr zurecht – du und deine Mum?«

In meinem Hals bildet sich ein Kloß. Die Häsin schleicht um Bills Beine herum, ihre Ohren flach angelegt. »Klar, uns geht's *gut*«, antworte ich. »Besser denn je.«

Bill wirkt nicht überzeugt. »Deine Mum hat erzählt, du hast neulich deine Lasagne warm gemacht. Und ich dachte …«

»Ach, das mache ich öfter«, unterbreche ich ihn. »Ich bin mittlerweile richtig gut darin.«

Bill tätschelt meine Hand. »Das ist schön, Nora. Aber du weißt, dass das Kochen die Aufgabe von deiner Mum ist, oder? Und wenn du Hilfe brauchst …«

In dem Moment richten sich die Ohren der Häsin steil auf, doch ich habe keine Lust, weiter zuzuhören.

Ich winde mich aus Bills Griff. »Weißt du was – ich brauche doch keine Mitfahrgelegenheit. Ich hab ganz vergessen, dass mein Freund Kwame mich auf dem Fahrrad mitnimmt.«

»Oh«, sagt Bill und steht wieder auf. »Aber Nora …«

Energisch ziehe ich mir die Schuhe an und schnappe mir meinen Rucksack vom Boden. Dabei weiche ich Bills Blick aus. »Danke noch mal für das Frühstück und so«, sage ich zu ihm. »Bis hoffentlich bald!«

Ohne mich noch einmal umzudrehen, haste ich die Straße hinunter. Ein Blick auf meine Armbanduhr verrät mir, dass ich ohne Fahrrad oder Bills Jeep zu spät kommen werde. Aber ich konzentriere mich einzig und allein darauf, siebzig Stundenkilometer schnell zu rennen. Doch das bedeutet noch lange nicht, dass ich vor meinen Problemen davonlaufe, oder?

Schließlich *habe* ich gar keine Probleme, vor denen ich davonlaufen könnte.

Denn es geht mir *gut*.

12

Tick, tick, tick, zähle ich die Sekunden bis zur großen Pause, damit ich endlich aus dem stickigen Klassenzimmer an die frische Luft rennen kann. Der Tag ist kalt und grau, und schon den ganzen Morgen muss ich immer wieder an Miss Omars Gesichtsausdruck denken, als ich heute zu spät und völlig außer Atem hereinkam. Dabei hat Miss Omar immer wieder auf die große Wanduhr geschaut und mich schließlich seufzend ins Klassenbuch eingetragen – zum dritten Mal in diesem Monat. Das bedeutet, die Schule schickt Mum einen Brief nach Hause.

Alle haben mich angestarrt, als ich mich hingesetzt habe, und ein paar Kinder haben getuschelt.

Als es endlich zur großen Pause klingelt, sprinte ich sofort nach draußen. Die feuchte Kälte fühlt sich gut an, und die Nebelschwaden am Ende des Schulhofs lassen ihn aussehen, als wären seine Ränder ausradiert.

Eigentlich sollte ich jetzt mit den anderen aus

meiner Klasse spielen, doch stattdessen laufe ich zu Kwames Winterkirsche hinüber. Dann tauche ich in das Gewirr aus Ästen ein und drehe mich suchend um. Kwame ist nicht da. Ich hocke mich hin und lasse meine Gedanken schweifen. Ich kann Bills Worte von heute Morgen nicht vergessen, genauso wenig wie die von Kwames Opa gestern. Und deshalb kommt es mir unter den Ästen plötzlich viel zu still vor, sodass ich beinahe froh bin, von draußen Geschrei zu hören.

Ich trete aus dem Ast-Kokon hinaus und sehe, wie Kwame mit ein paar Kindern aus meiner Klasse spricht. Er wirkt schüchtern und schaut immer wieder zu Boden, in der Brusttasche seiner Jacke steckt ein Zettel. Ich beiße mir auf die Lippe, weil ich vermute, dass er wieder gemobbt wird. Doch als ich auf ihn zulaufe, ist er gerade dabei, Saffie und Rachael das Spiel *Hasenjagd* zu erklären.

»… und dann musst du versuchen, dem Hasen das Papier aus der Tasche zu ziehen. Das ist echt kinderleicht.«

»Aber warum heißt das Spiel *Hasenjagd*?«, will Saffie wissen.

»Weil Hasen schnell sein müssen, um zu überleben«, schalte ich mich ein. Dann schnappe ich mir das Stück Papier aus Kwames Brusttasche und stecke es in meine eigene. »Genau wie ich!«

Kwame strahlt, während Saffie mich kreischend über den Schulhof jagt. Bald schon schließen sich auch andere Kinder an, und ein Junge aus Kwames Klasse schafft es, mir am Kaulquappenteich den Zettel zu klauen. Kwame läuft neben mir her, während wir den Jungen verfolgen, und auf seinem Gesicht liegt das breiteste Grinsen, das ich je gesehen habe. Schon nach ein paar Minuten kommt es mir vor, als würden alle vierten Klassen das Spiel spielen. Kwame scheint es nichts auszumachen, dass er nicht schnell genug ist, um den Hasen zu fangen. Schließlich ist es *sein* Spiel, und er spielt mit, anstatt sich zu verstecken.

Doch anscheinend bin ich nicht die Einzige, der auffällt, wie glücklich Kwame aussieht. Denn plötzlich kommt Joel mit großen Schritten auf uns zu. Er tut zwar so, als würde er dem Mädchen mit den

Zöpfen hinterherlaufen, das inzwischen der Hase ist, aber schon im nächsten Moment stürzt er sich auf Kwame. Dann reißt er ihm das Heft aus der Hand, das Kwame an seine Brust presst, und zerreißt es in der Mitte.

»Nein!«, schreit Kwame, während seine Zeichnungen vom Wind herumgewirbelt werden.

Keuchend bleibe ich stehen, um Kwame beim Aufsammeln der Blätter zu helfen. Auf den meisten davon sind wir zusammen beim Fahrradfahren oder Wettrennen zu sehen, oder wir winken uns von den Fenstern aus zu. Joel schnappt sich ein paar der Seiten und lacht laut auf.

»Was ist das – dein Tagebuch?«, fragt er hämisch, bevor er anfängt, laut vorzulesen: »*Wie fühlen sich Geisterfüchse an? Hat Nora die gleichen Superkräfte wie eine Geisterhäsin?*«

»Bitte gib sie mir zurück«, murmelt Kwame, doch Joel dreht sich weg und lacht weiter.

»Geistertiere? Was für ein dämlicher Schwachsinn! Du hast keine lebendigen Freunde, also hängst du mit toten ab, stimmt's, Kwame-Lahmi?«

Einen Moment lang frage ich mich, ob Kwame Joel verraten wird, dass *ich* diejenige bin, die Geistertiere sieht. Doch das tut er nicht. Stattdessen lässt er den Kopf hängen. »Bitte gib mir die Blätter zurück. Sie sind wichtig.«

Ich balle die Fäuste und marschiere von hinten auf Joel zu. Und bevor er überhaupt gemerkt hat, dass ich da bin, habe ich mir Kwames Zeichnungen geschnappt.

»Weißt du was? Kwame hat recht!«, sage ich, und Joel wirbelt herum.

»Hä? Wovon redest du?«

»Ich habe genau die gleichen Superkräfte wie ein Geistertier – nein, wie eine ganze Armee von Geistertieren! Und zwar solche mit Krallen und scharfen Zähnen! Deshalb solltest du meinen Freund besser in Ruhe lassen, kapiert?«

Stirnrunzelnd schaut Kwame mich an, während Joel nervös auflacht und sich schnell nach Unterstützung umsieht. Doch die anderen Kinder sind immer noch dabei, am anderen Ende des Schulhofs Hasenjagd zu spielen.

Kwame versucht mich wegzuziehen. »Komm schon, Nora. Die Pause ist sowieso fast vorbei. Lass uns zu unserem Baum gehen.«

Ich schüttle seine Hand ab. Joel macht einen Schritt auf mich zu und sieht mich wütend an.

»Du weißt, was man über Hasen sagt, oder?«, fordert er mich heraus. »Dass sie verrückt sind. Und du bist genauso verrückt wie dieser bescheuerte gezeichnete Hase, Nora. Du und dein Kwame-Lahmi!«

Ich spüre, wie mein Blut zu kochen beginnt.

»Nimm das zurück!«, schreie ich. »Leute *verrückt* zu nennen, ist gemein! Seelische Krankheiten sind kein Witz!«

Noch einmal versucht Kwame, mich von Joel wegzuziehen. »Bitte, Nora, komm mit! Du sollst dich nicht streiten!«

Ich weiß, dass Kwame recht hat, aber meine Hände sind immer noch zu Fäusten geballt. Joels Augen glänzen angriffslustig. »*Du* weißt ja wohl am besten, was Verrücktsein bedeutet, stimmt's, Nora? Du mit deiner verrückten Mutter!«

Joels Worte schmerzen, als hätte er mir in den Magen geschlagen. Mir bleibt die Luft weg. Ich gehe ein Stück rückwärts und schaue mich nach Kwame um. Er hat sich mit hängendem Kopf auf den Weg zur Winterkirsche gemacht, die zerrissenen Zeichnungen fest umklammert. Kurz überlege ich, ihm hinterherzulaufen. Aber als Joel lachend seinen Turnbeutel auf den Rücken schwingt, um ins Schulgebäude zu gehen, steigt ein neues Gefühl in mir auf.

Unbändige Wut.

Ich mache einen Schritt nach vorne, und in dem Moment sehe ich die Geisterhäsin auf mich zuflitzen. Sie stellt sich auf die Hinterbeine und benutzt ihre Vorderpfoten, um zu *boxen, boxen, boxen*. Ich stoße wildes Gebrüll aus, und schon stürzen wir uns gemeinsam auf Joel. Mit geballten Fäusten versuche ich ihm auf den Rücken zu trommeln, doch ich erwische nur seinen Turnbeutel. Joel schreit auf und versucht mich wegzuschubsen, aber es gelingt ihm nicht.

»Nora! Nora, hör auf!«, ertönt plötzlich eine Stimme.

Jemand ruft mich, doch ich bin so wild wie ein sturmgepeitschtes Meer, sehe nur noch Regenbögen und fühle nichts außer eiskalter Leere. Auf einmal packen mich zwei Hände und ziehen mich weg. Ich wirble herum, um Kwame zu sagen, er soll mich in Ruhe lassen – aber diesmal ist es nicht Kwame. Sondern unsere Schuldirektorin.

Und ich habe sie noch nie so verärgert gesehen.

13

Ich wurde erst ein einziges Mal ins Büro der Direktorin geschickt, und zwar in der ersten Klasse. Es war genau eine Woche, nachdem Dad abgereist war, und ich weiß auch nicht mehr, warum. Doch meine Erinnerungen sind voller Regenbogenfarben und scharfer, wütender Zähne.

Ich glaube, nach Dads Abfahrt bin ich oft wütend gewesen. Denn wenn schlimme Dinge passieren, ist das Wütendsein manchmal einfacher als das Traurigsein. Allerdings verstehe ich nicht, was die Geistertiere mit alldem zu tun hatten. Schließlich habe ich immer gedacht, sie wären dazu da, damit ich mich stärker fühle; oder zumindest weniger allein. Doch gerade eben kam es mir vor, als hätte die Geisterhäsin gewollt, dass ich meine Angst in meine Fäuste presse und *zuschlage, zuschlage, zuschlage.*

Nun sitzen Joel und ich unserer Direktorin Miss Rose gegenüber, die uns über ihre Brille hinweg mustert. Ich habe damit gerechnet, dass Joel gelangweilt

dreinschauen würde, weil er dauernd hierherge-
schickt wird. Aber das tut er nicht. Stattdessen wirkt
er auf dem übergroßen Stuhl winzig und in sich zu-
sammengesunken.

Miss Rose hat noch nichts gesagt, und fast
wünschte ich, sie würde mich anschreien und fragen,
was in mich gefahren ist. Denn das, was sie jetzt tut,
ist viel schlimmer.

Sie sieht besorgt aus.

»Wisst ihr beiden, warum ihr hier seid?«, beginnt
sie endlich.

Ich kralle mich am Schaumstoffpolster meines
Stuhls fest. Joel starrt immer noch zu Boden und
schweigt, also antworte ich. »Weil wir uns geprügelt
haben.«

»Genau. Und würdet ihr mir erklären, wie es dazu
gekommen ist?«

Ich denke an die Geisterhäsin und die Gefühle, die
mich überwältigt haben. Dann werfe ich einen Blick
zu Joel hinüber, der kurz zu mir zurückschaut. Am
liebsten würde ich Miss Rose erzählen, dass Joel ein
Mobber ist und schreckliche, gemeine Dinge über
Mum gesagt hat. Doch ich will seine Worte nicht
wiederholen. Deshalb zucke ich bloß mit den Schultern.

Miss Rose kneift die Lippen zusammen. »Und
sonst habt ihr nichts zu sagen?«

Joel fängt an, mit den Beinen zu baumeln, und ich zucke wieder mit den Achseln.

Miss Rose seufzt. »Ich weiß, dass ihr beide gerade Probleme zu Hause habt. Aber hier in der Schule lösen wir unsere Probleme nicht mit Gewalt. Genauso wenig wie im späteren Leben.«

Ich schaue an Miss Rose vorbei – und plötzlich durchzuckt mich ein heißer Schreck. Hinter der Direktorin flitzt eine regenbogenfarbene Gestalt von der Heizung unter dem Fenster hinüber zum Blumentopf.

Mein Herz rast mit, und ich spüre Joels panischen Blick auf mir. Angst steigt in mir auf, weil ich befürchte, dass Miss Rose gleich vor einem Mobber wie Joel über Mums PTBS sprechen wird. Aber ich frage mich auch, was wohl bei Joel zu Hause los ist.

»Tut mir leid, dass ich Joel gehauen habe«, entschuldige ich mich schnell.

»Ich weiß deine Entschuldigung zu schätzen, Nora«, sagt Miss Rose. »Aber ich möchte, dass du sie an Joel richtest.«

Ich gucke Joel an, doch der erwidert meinen Blick nicht. Stattdessen starrt er hinunter auf seine vor und zurück schwingenden Schuhe. »Tut mir leid, Joel«, wiederhole ich leise, obwohl ich mir nicht sicher bin, ob das stimmt. Nicht, nachdem er so schlimme Dinge über Mum gesagt hat.

»Und was ist mit dir, Joel?«, fragt Miss Rose.

»Sorry«, murmelt er, doch es klingt nicht so, als würde er es ernst meinen. Schon sehe ich wieder die regenbogenfarbenen Umrisse der Häsin umhersausen, die mit den Vorderpfoten boxt, bevor sie unter Miss Rose' Schreibtisch verschwindet.

Ich spüre, wie sich meine abgewetzten Pflaster über meine geballten Fäuste spannen.

»Ich hoffe, ihr wisst, dass ihr jederzeit mit euren Lehrerinnen und Lehrern über eure Probleme reden könnt«, fährt Miss Rose fort. »Miss Omar hat immer ein offenes Ohr für euch, genau wie dein Lehrer Mr Richards, Joel. Darüber hinaus bin ich für euch da – genau wie das restliche Schulpersonal. Wir wollen nämlich nur euer Bestes.«

In dem Moment prescht die Häsin unter dem Schreibtisch hervor und versucht, nach draußen zu rennen. Doch sie prallt von der geschlossenen Tür ab, macht kehrt und kauert sich in eine Ecke. Ihre Ohren sind ängstlich an ihren Körper gepresst.

»Ich habe keine Probleme, und es geht mir *gut*«, sage ich, während ich mich bemühe, meinen Atem zu verlangsamen. »Darf ich jetzt gehen?«

Wieder kneift Miss Rose die Lippen zusammen, dann steht sie auf. Ich stelle mich ebenfalls hin, weil ich damit rechne, dass sie uns jetzt gehen lässt, aber Joel bleibt sitzen.

»Nora, wie du weißt, nehmen wir das Thema Gewalt an unserer Schule sehr ernst«, spricht Miss Rose weiter. »Deshalb habe ich eure Eltern angerufen. Joel, draußen warten deine Mum und dein Dad. Und Nora, deine Mum ist auch da.«

Mir wird so schwindlig, als würde der Boden unter meinen Füßen nachgeben.

»Sie haben Mum angerufen?!« Panisch rennt die Häsin im Kreis und prallt dabei immer wieder gegen die Wände.

Miss Rose nickt. »Ja. Wartet bitte einen Moment hier, dann rede ich mit euren Eltern. Und da der Unterricht sowieso fast vorbei ist, schlage ich vor, ihr geht anschließend nach Hause und denkt über euer Verhalten nach.«

Wie betäubt lasse ich mich auf meinen Stuhl zurückfallen. Mein Herz flattert, und meine Gedanken rasen, während die Geisterhäsin immer noch verzweifelt nach einem Ausgang sucht.

Mum ist hier. Das bedeutet, Miss Rose hat sie angerufen. Und das heißt, das Telefon hat geklingelt und hat Mum wahrscheinlich erschreckt. Und vermutlich denkt Mum jetzt, dass etwas nicht stimmt. Dabei ist alles in bester Ordnung.

Miss Rose schließt die Tür hinter sich, und Joel schnieft.

»Das ist alles deine Schuld!«, fauche ich ihn an.

Er schaut überrascht drein. »Was?! Du hast doch *mich* gehauen!«

Ich verdrehe die Augen. »Nur deinen Turnbeutel. Außerdem hast du gesagt ...« Ich schlucke. »Du hast Kwame gemobbt.«

Joel schnaubt und sackt auf seinem Stuhl zusammen.

Am liebsten würde ich ihn weiter anschreien, doch laute Stimmen von draußen lassen uns in die Höhe fahren. Ich merke, wie Joel neben mir immer kleiner wird, während ich aufstehe und zur Tür eile. Die Geisterhäsin folgt mir auf den Fersen.

»Nein, nicht!«, ruft Joel, als ich die Klinke hinunterdrücke.

Aber ich habe keine Wahl. Selbst wenn es nicht Mum ist, die schreit, könnte der Lärm ihre Symptome auslösen. Deshalb muss ich ihr helfen, bevor jemand merkt, was mit ihr los ist.

Als ich rausgehe, sehe ich einen groß gewachsenen Mann mit Brille und eine kleine Frau mit lauter klimpernden goldenen Armreifen. Die beiden scheinen ziemlich wütend zu sein, doch offenbar nicht auf Miss Rose. Stattdessen schreien sie sich gegenseitig an – und zwar wegen Joel.

Das also müssen Joels Eltern sein.

Verängstigt legt die Geisterhäsin die Ohren an und versucht, zurück ins Büro zu rennen, doch Joel macht die Tür zu. Allerdings glaube ich nicht, dass

Joels Eltern der Grund für die Panik der Häsin sind –
sondern meine Mum. Denn Mum sitzt nach vorne
gebeugt auf einem Stuhl, hat den Kopf zwischen die
Knie gelegt und drückt die Hand von Kwame, der
neben ihr sitzt.

Und natürlich merkt Kwame, dass mit Mum etwas
nicht stimmt. Genau wie Miss Rose. Und der Schulsekretär. Und Joels Eltern.

Brennende Hitze schießt mir ins Gesicht, als ich
zu Mum hinüberrenne. Ich schiebe Kwames Hand
weg und lege meine in Mums. Dann hocke ich mich
neben sie und flüstere ihr zu, dass alles okay ist; dass
sie tief durchatmen soll; und dass sie sich beruhigen
soll, weil sowieso schon alle gucken.

Miss Rose nimmt auf Mums anderer Seite Platz
und redet ebenfalls leise auf sie ein. Aber sie kennt
sich nicht so gut mit Mums Symptomen aus wie
ich. Sie weiß nicht, dass Mum wegen ihrer PTBS die
Dinge bedrohlicher wahrnimmt, als sie sind; und
dass Mum trotzdem der stärkste und wundervollste
Mensch auf der Welt ist; und dass bei uns zu Hause
alles in Ordnung ist.

Der Schulsekretär versucht mich zu Joel ins Büro
zu schieben, doch ich reiße mich los.

»Ruhe!«, schreie ich lauter, als ich wollte. Mum
hebt den Kopf und wirft mir einen strengen Blick zu,
weil ich unhöflich war.

Darüber bin ich beinahe froh, denn das bedeutet, dass Mums Panikattacke nicht so schlimm ist. Manchmal lassen ihre Attacken sie nämlich vergessen, wo sie ist und dass ich bei ihr bin. Aber jetzt gerade scheint das nicht so zu sein.

Trotzdem sehe ich Besorgnis in Kwames Augen, und ich spüre eine Welle von Wut in mir aufsteigen. Mum richtet sich auf und betont immer wieder, dass es ihr *gut* geht. Ich lasse ihre Hand los und drehe mich weg, während Miss Rose weiterhin auf Mum einredet und fragt, ob sie einen Krankenwagen braucht.

Zu meinen Füßen gerät die regenbogenfarbene Häsin erneut in Panik und springt gegen die geschlossene Tür des Sekretariats. Warum kann sie nicht einfach ruhig sitzen bleiben und ihre Angst hinunterschlucken, so wie ich?!

Kwame steht auf und kommt zu mir herüber. »Nora?«

»Du hast mich im Stich gelassen«, knurre ich ihn an. »Ich habe dich gegen Joel verteidigt, aber du bist weggegangen.«

Kwame runzelt die Stirn. »Ich hab dich nicht darum gebeten, mich zu verteidigen. Außerdem habe ich gedacht, wir wären *gleich*. Und dass wir zusammen weglaufen und uns vor unseren Problemen verstecken könnten und …«

»Ich laufe nicht vor meinen Problemen weg!«, schreie ich so laut, dass Miss Rose verstummt und Mum zusammenzuckt. Kwame versucht, meine Hand zu nehmen, doch ich ziehe sie weg. Meine Gedanken rasen mit der Häsin in panischen Kreisen. »Außerdem sind wir *nicht* gleich!«, fauche ich Kwame weiter an. »Im Gegenteil – wir sind uns *überhaupt nicht* ähnlich!«

Kwame weicht vor mir zurück, als hätte ich ihn geschlagen.

Ich wende mich ab und stelle fest, dass alle im Raum mich anstarren. Warum können sie Mum und mich nicht einfach in Ruhe lassen?!

Wieder greife ich nach Mums Hand. »Komm, wir gehen.«

Miss Rose fragt noch einmal, ob Mum einen Krankenwagen braucht, aber Mum lehnt ab. Immer wieder sagt sie, dass alles okay ist. Allerdings klingt sie dabei nicht sehr überzeugend, deshalb zerre ich sie schnell mit mir nach draußen. Die Häsin rennt vor uns über den Schulhof, und plötzlich reißt Mum sich von mir los.

»Nora, du tust mir weh! Was ist denn los mit dir?«

Ich wirble herum. Mein Herz hämmert wild in meiner Brust. »Warum musstest du hierherkommen?«, schreie ich sie an.

Mum zieht die Brauen zusammen. »Weil ich einen

Anruf von deiner Direktorin bekommen habe. Sie hat gesagt, du hättest dich geprügelt und ...«

»Aber warum musstest du eine Panikattacke kriegen? Jetzt denken doch alle, wir hätten Probleme, obwohl das nicht stimmt! Warum konntest du nicht *ein einziges Mal* normal sein?«

Tauben flattern aus den Bäumen neben uns auf, und Mum tritt schockiert einen Schritt zurück. Sie trägt immer noch ihre Zu-Hause-Sachen, und ihre Augen sind verquollen. Wieder muss ich daran denken, wie sie im Sekretariat Kwames Hand gehalten hat, und meine Wut kribbelt elektrisierend.

Ich trete gegen ein Unkrautbüschel, das aus dem Bordstein wächst, und stampfe zum Auto. Dann lasse ich mich auf den Beifahrersitz fallen und drehe mich von Mum weg, sobald sie die Tür aufmacht.

Die Fahrt verläuft schweigend, und meine Gedanken rasen im Kreis. Zu Hause angekommen, renne ich nach drinnen, ohne auf Mum zu warten, sodass sie mich erst im Flur einholt.

»Nora«, seufzt sie und schließt die Tür hinter sich. »Nora, schau mich an.«

»Nein«, knurre ich und kicke mir die Schuhe von den Füßen.

Schon will ich die Treppe hochlaufen, aber Mum hält mich fest und versucht mich zu umarmen. Ich stoße sie weg, doch sie zieht mich wieder an sich. Ihr vertrauter Geruch lässt meine Wut dahinschmelzen wie Schnee.

»Es tut mir so leid, Nora«, sagt sie, während sie mich fest an sich drückt. »Ich wünschte, du müsstest nicht so sehr unter der Situation leiden.«

Ich schüttle den Kopf. »Ist schon okay.«

Mum löst sich von mir, um mich anzuschauen, und streicht mir die Haare hinter die Ohren. »Du prügelst dich in der Schule? Kommst zu spät zum Unterricht? Nein, Nora, das ist nicht *okay*.«

»Die Prügelei war nicht meine Schuld«, erwidere ich leise. »Die Geisterhäsin …«

Mum seufzt und kneift sich in die Nasenwurzel. »Fang bitte nicht schon wieder mit diesen Geistertieren an. Dafür bist du zu alt, Nora. Du musst lernen, Verantwortung für dein Handeln zu übernehmen.«

Hinter Mum macht die Häsin einen Satz.

Aber Mum hat recht. Wenn ich ihr helfen will, wieder gesund zu werden, muss ich stärker sein.

Ich senke nickend den Kopf, und Mum nimmt mich noch einmal fest in den Arm.

»Es tut mir leid, dass ich dich in der Schule blamiert habe, Nora. Ich bin … es hat mit meiner PTBS zu tun, verstehst du?«

»Ich weiß«, sage ich. »Du kannst nichts dafür, Mum.«

Sie reibt mir über den Rücken. »Ich glaube, wir

sollten noch mal zusammen zu meiner Ärztin gehen, in Ordnung?«

Ich will ihr sagen, dass das *nicht* in Ordnung ist. Und dass es mir *gut* geht. Doch in dem Moment sehe ich, wie die Geisterhäsin endlich zur Ruhe kommt und sich mit ausgestreckten Gliedern auf den Boden legt. Und da wird mir klar, dass nicht nur die Häsin sehr müde ist. Sondern auch ich selbst.

»In Ordnung«, flüstere ich.

14

Ich brauche ewig, um einzuschlafen, denn ich muss immer wieder daran denken, wie Kwame im Sekretariat Mums Hand gehalten hat. Und daran, wie ich die beiden angeschrien habe. Mein schlechtes Gewissen nagt an mir, und mein Magen verdreht sich wie eine zusammengerollte Schlange. Als ich am Ende doch noch einschlafe, träume ich von Pythons, verknoteten Seilen und verhedderten Gedanken.

Am nächsten Morgen trommelt Regen wie mit langen Fingern an mein Fenster, und es dauert eine Weile, bis ich merke, dass das regenbogenfarbene Licht in meinem Zimmer nicht von der Sonne kommen kann. Stattdessen leuchten die Umrisse der Geisterhäsin, die sich in mein Haar schmiegt.

Sofort bin ich hellwach, und am liebsten möchte ich mir meine Brille aufsetzen – doch dann fallen mir Mums Worte wieder ein: Ich bin zu alt für so alberne Sachen wie Geistertiere; ich muss Verantwortung übernehmen. Also kneife ich die Augen zu, drehe mich um und verkrieche mich unter meiner Bettdecke.

Plötzlich spüre ich den leeren Druck einer winzigen Zunge, die mir über die Wange leckt. Sie fühlt sich genauso kalt-und-nicht-kalt an wie die Pfoten der Geisterfüchsin, nur kleiner. Und offenbar vertraut mir die Geisterhäsin inzwischen genug, um nicht wegzurennen. Aber ich weiß nicht, ob ich ihr vertraue. Denn sie hat mich dazu gebracht, gegen Joel zu kämpfen und Mum anzuschreien.

»Geh weg!«, fauche ich sie an.

Die Häsin springt über meinen Kopf und landet auf der anderen Seite meines Kissens. Eins ihrer Ohren zeigt nach oben, das andere nach unten. Wütend setze ich mich auf.

»Ich will nicht, dass du bei mir bist!«, zische ich. »Du und die Geisterfüchsin – ihr bringt mir nichts als Ärger ein!«

Die Häsin neigt ihren Kopf zur Seite und sieht mich an.

Ich greife meinen Wecker und werfe ihn nach ihr. Die Häsin hüpft vom Bett, doch sie läuft nicht weg.

»Warum bist du überhaupt hier?«, fordere ich sie heraus. »Du willst mich nicht stark machen, und du bist immer nur in Panik geraten. Oder du bist wütend geworden. Damit hast du alles nur noch schlimmer gemacht!«

Die Häsin hoppelt näher an mich heran und blickt genau in den Teil meiner Seele, den ich am sorgfältigsten verstecke.

»Im Grunde hast du mir nur gezeigt, wie schlimm alles ist«, spreche ich weiter. »Und dass ...« – ich atme tief ein, und mein Herz krampft sich zusammen – »... es mir vielleicht doch nicht so *gut* geht.«

Die Häsin setzt sich auf die Hinterläufe und schaut selbstzufrieden drein. Ich dagegen kneife die Augen fest zu.

»Geh weg«, flüstere ich noch einmal. »Ich will dich nicht mehr sehen.« Schon wird das Licht schwächer, und als ich die Augen wieder öffne, ist die Häsin verschwunden.

Stattdessen starre ich auf ein leeres Stück Raum.

TEIL DREI

DER RABE

15

Heute mache ich mich schon auf den Weg zur Schule, bevor Kwame rüberkommen und nach mir rufen kann. Es regnet, und es ist wirklich kein Guter Morgen, weil Mum immer noch müde und kraftlos aussieht. Trotzdem besteht sie darauf, mich zur Schule zu fahren, damit ich pünktlich komme.

Wie sich herausstellt, bin ich nicht nur pünktlich, sondern *über*pünktlich, denn auf dem Parkplatz steht noch kein einziges Auto.

»Wir sind ein bisschen zu früh dran«, sagt Mum mit einem Blick in den Spiegel.

Ich schnalle mich ab. »Ist nicht schlimm. Miss Omar ist bestimmt schon da und lässt mich auf den Sitzsäcken lesen.«

Mum lächelt, dann kämmt sie mir mit den Fingern durchs Haar. »Alles okay bei dir, meine Große? Gestern sind wir gar nicht mehr dazu gekommen, über die Prügelei zu reden, und ...«

Ich nicke, während meine Hand bereits auf dem

Türgriff liegt. »Das Ganze war nur ein Missverständnis. Joel ist ein Mobber, und ich habe mich gegen ihn gewehrt.«

Mum zuckt kaum merklich zusammen. »Es ist gut, sich zu wehren, Nora. Aber beim nächsten Mal ...«

»... benutze ich meine Worte, nicht meine Fäuste«, beende ich ihren Satz. Mum lacht und gibt mir einen Kuss auf den Kopf.

»Genau.«

Schnell verabschiede ich mich und gehe auf das Schulgebäude zu – da sehe ich plötzlich etwas aufblitzen. Auf der kleinen Mauer neben der Eingangstür sitzt ein Geisterrabe.

Seine Augen gleichen schwarzen Perlen, sein Schnabel ist spitz und das dunkle Gefieder zerzaust. Er ist größer als alle anderen Vögel, die ich je aus der Nähe gesehen habe, und ich erkenne ihn nur als Raben, weil ich mich an Fotos in Büchern erinnere. Obwohl seine Federn tiefschwarz sind, flackern seine Geisterfarben rot, blau und golden. Er sitzt ein bisschen geduckt, so als wollte er jeden Moment abheben und sich in die Lüfte schwingen. Ich bin so überrascht, dass ich am liebsten stehen bleiben und ihn weiter anschauen würde, doch dann fällt mir ein, dass Mum mich vielleicht beobachtet.

Schnell tue ich so, als würde ich mir einen Stein aus dem Schuh kippen, dann gehe ich mit gesenktem

Kopf an dem Raben vorbei. Mein Herz hämmert, als ich seine intelligenten Augen und die riesigen Krallen sehe, und vor lauter Staunen zögere ich wieder. Aber dann drücke ich die Türklinke hinunter und eile ins Schulgebäude.

Anschließend versuche ich, auf den Sitzsäcken in unserem Klassenzimmer mein Buch zu lesen, doch meine Gedanken wirbeln herum wie in einem Karussell. Als nach einer Weile die anderen Kinder reinkommen, gebe ich mein Bestes, um mich auf den Unterricht zu konzentrieren. Doch dabei höre ich die ganze Zeit ein geisterhaftes Klopfen am Fenster.

Als es klingelt, kündigt Miss Omar eine Regenpause an. Ich werfe einen Blick nach draußen und erspähe zwischen den immer größer werdenden Pfützen auf dem Schulhof zwei regenbogenfarbene Raben. Sie putzen ihr Gefieder und starren mich an.

Hastig springe ich auf und eile zu den Computern in der Ecke, bevor sich jemand anderes daransetzen kann. Dann tippe ich ins Suchfeld:

ALLES ÜBER RABEN

Schon nach kurzer Zeit finde ich heraus, dass Raben sehr intelligent und hervorragende Jäger sind. Außerdem können sie menschliche Stimmen nachahmen und gelten als nachtragend, oft haben sie lebenslange

Feinde, aber auch Freunde. Und dann lese ich, dass man Menschen, die viel Pech haben, als *Unglücksraben* bezeichnet. Schnell schließe ich die Website und überlasse Rachael meinen Platz.

Plötzlich breitet sich Übelkeit in mir aus. Was, wenn die Raben gekommen sind, um sich an mir zu rächen, weil ich die Geisterhäsin angeschrien habe? Oder sind sie vielleicht wütend, weil ich noch keinen von ihnen beachtet habe? Schnell senke ich den Kopf und versuche, nicht weiter an die Raben zu denken – wenigstens bis zur Mittagspause. Als die begonnen hat, spähe ich nämlich vorsichtig aus dem Fenster und hätte um ein Haar laut aufgeschrien: Der ganze Rasen vor unserem Klassenzimmer ist von Geisterraben bedeckt. Sie stehen da wie eine ganze Armee von Unglücksraben und starren mich an.

Panisch renne ich aus dem Raum und anschließend den Flur entlang. Dabei gucke ich kein einziges Mal nach draußen. Als ich in der Schulmensa ankomme, rechne ich beinahe damit, von gigantischen Vogelkrallen attackiert zu werden – doch plötzlich steht Kwame vor mir.

»Hallo, Nora. Ist alles okay?«

Ich nicke und ducke mich an ihm vorbei, um mich in der Essensschlange anzustellen.

»Bist du sicher?«, hakt er nach. »Du siehst nämlich nicht so aus. Bist du immer noch böse auf mich, weil ich gestern weggelaufen bin? Falls ja, tut es mir leid. Ich hatte einfach Angst, weil du so wütend geworden bist. Außerdem ...« – er schaut beschämt auf seine Füße – »... habe ich mich ein bisschen wie ein Schwächling gefühlt, weil du dich meinetwegen mit Joel angelegt hast.«

Den letzten Satz hat Kwame nur gemurmelt, aber ich höre ihm sowieso nicht richtig zu. Stattdessen versuche ich mich zu entscheiden, welches Gemüse ich als Beilage essen will. Und ich gebe mir Mühe, die dunklen Federn nicht zu beachten, die sich vor den Fenstern versammeln. Das Schweigen zwischen Kwame und mir zieht sich in die Länge wie Kaugummi, und als er versucht, meine Hand zu nehmen, ziehe ich sie weg.

»Ich hab dir gesagt, ich brauche deine Hilfe nicht«, knurre ich ihn an.

Kwame schaut verwirrt drein. »Aber ich wollte dir doch gar nicht ...«

»Verschwinde einfach!«, fauche ich lauter als gewollt. »Geh und spiel deine albernen Spiele, ich will allein sein!«

Kwame sieht gekränkt aus, und ich stapfe murrend davon, um mir ein belegtes Sandwich zu kaufen. Das kann ich nämlich auf der Mädchentoilette essen, wo Jungs und Raben keinen Zutritt haben.

Meine Gedanken sind hoffnungslos verheddert. Ich

schäme mich immer noch, weil Kwame Mums Panikattacke gesehen hat. Außerdem hat er ihre Hand gehalten, obwohl das meine Aufgabe ist. Darüber hinaus gehen mir noch tausend andere Dinge durch den Kopf – zum Beispiel die Armee von Unglücksraben, die draußen vor der Schule auf mich wartet. Und die Geisterhäsin, die mir gezeigt hat, dass doch nicht alles gut ist. Mein Herz ist so voller Sorgen, dass ich das Gefühl habe, es könnte jeden Moment explodieren.

Allerdings weiß ich eine Sache inzwischen ganz genau: Die Geistertiere haben mir nichts als Ärger eingebracht. Seit die Füchsin in meinem Zimmer aufgetaucht ist, ist alles nur noch schlimmer geworden. Mein Fahrrad ist weg, und Mum war deswegen böse auf mich; ich habe mich geprügelt, und jetzt haben andere Leute gemerkt, dass Mum Probleme hat und dass es uns nicht gut geht.

Dabei will ich einfach nur, dass alles wieder normal wird.

Gerade spiele ich mit dem Gedanken, den ganzen Schultag auf der Toilette zu verbringen – da höre ich plötzlich das Klopfen von Federn am Fenster. Ich sprinte ins Klassenzimmer und spüre dabei den Blick Hunderter schwarzer Perlenaugen auf mir. Deshalb halte ich meinen Kopf so tief gesenkt, dass ich an der Tür mit Miss Omar zusammenstoße.

»Nora, wenn du nach vorne gucken würdest, könntest du mehr sehen.«

»Tut mir leid, Miss Omar.« Ich reibe mir über den Arm.

Meine Lehrerin beugt sich zu mir herunter, sucht meinen Blick und runzelt die Stirn. »Ist alles okay?«

Sie spricht so leise, als würden wir uns Geheimnisse anvertrauen.

Ich nicke und dränge mich an ihr vorbei, doch ich merke, dass sie mich auf dem Weg zu meinem Platz beobachtet. Genau wie den ganzen restlichen Schultag.

Nach Unterrichtsschluss versuche ich mich unbemerkt aus dem Staub zu machen, aber Miss Omar spricht mich trotzdem an.

»Nora? Können wir uns kurz unterhalten?«

Lustlos schlurfe ich zum Pult hinüber, während die anderen ihre Sachen packen und aus der Tür strömen. Als alle weg sind, fühlt sich die Stille zwischen Miss Omar und mir so leer an wie das einsamste Stück Weltraum.

Lächelnd lässt meine Lehrerin sich auf dem Rand des Pults nieder. Heute trägt sie ein kurzes Kopftuch, das im Licht in lauter Regenbogenfarben leuchtet.

»Du weißt, dass du mit mir reden kannst, Nora«, beginnt sie. Sie lässt ihren Satz nicht wie eine Frage klingen, deshalb antworte ich nicht. Da sie aber offensichtlich auf etwas wartet, seufze ich schließlich.

»Es gibt nichts, worüber ich reden will.«

Miss Omar sieht aus, als würde sie mir nicht glauben. Doch dann lehnt sie sich zurück und holt ein mit Raben bedrucktes Notizbuch aus der Pultschublade.

Mein Herz bleibt vor Schreck fast stehen.

»Weißt du – manchmal spuken so viele Gedanken in meinem Kopf herum, dass ich gar nicht weiß, welchen ich zuerst denken soll«, sagt sie. »Natürlich ist es dann das Beste, mit einer Vertrauensperson darüber zu sprechen. Aber manchmal kann es auch helfen, die Gedanken zuerst aufzuschreiben.«

Sie blättert durch das Notizbuch, und ich sehe seitenweise ordentlich beschriebenes Papier. Sogar verschiedene Farben hat Miss Omar dafür benutzt.

»Ist das alles von Ihnen?«, frage ich staunend.

Miss Omar nickt lächelnd. »Ja. Das sind die Einträge von mehr als einem Halbjahr. Allerdings geht es nicht darum, *wie viel* man schreibt. Sondern darum, einen Ort zu finden, an dem man sich selbst die Wahrheit sagen kann.«

Plötzlich reißt Miss Omar den ganzen Stapel be-

schriebener Seiten heraus, und mir entfährt ein kleiner Schrei.

»Warum haben Sie das gemacht?«

Lachend streckt Miss Omar mir das halb leere
Notizbuch entgegen. Ihre eigenen Worte liegen nun
offen auf dem Pult.

»Verrate niemandem, dass ich ein Buch zerrissen
habe, okay, Nora?«, sagt sie zwinkernd.

Ich starre zuerst auf das Notizbuch und dann auf
Miss Omar, bis sie mir das Buch vorsichtig an die
Brust drückt.

»Hier, nimm es und schreib hinein, was immer du
möchtest. Und wenn du dazu bereit bist, zeig es jemandem, dem du vertraust. Ich hoffe, du weißt, dass
du mir vertrauen kannst. Lehrerinnen und Lehrer
sind nämlich nicht nur dazu da, um Kinder zu unter-
richten. Sondern auch, um ihnen zuzuhören.«

Ich nehme das Notizbuch an mich, und Miss
Omar geht um das Pult herum, um die losen Blätter
einzusammeln.

Ich kann kaum glauben, was gerade passiert ist.
Meine Lehrerin hat ein Buch zerrissen, und ich halte
den Beweis dafür in den Händen. Doch als ich näher
hinschaue, fällt mir auf, dass die Raben auf dem Ein-
band ganz anders aussehen als gewöhnliche Raben:
weniger wie Feinde, mehr wie Freunde.

Ich schaue nach draußen, und in dem Moment

sehe ich, wie sich die Raben vor dem Fenster in die Lüfte schwingen und den Himmel in ein Meer aus Regenbögen verwandeln.

»Danke«, sage ich leise. Dann stecke ich das Buch in meinen Rucksack.

16

Als ich nach Hause komme, steht Mum gerade im Flur und telefoniert mit ihrer viel-zu-höflichen Telefonstimme. Sie scheint erleichtert zu sein, dass ich zurück bin, und ich lasse meinen Rucksack auf den Boden fallen.

»Ja, sie ist jetzt da«, sagt Mum ins Mikrofon und verdreht die Augen in meine Richtung, so als wäre sie von der Person am anderen Ende der Leitung genervt. »Ja, ja genau«, bekräftigt sie, bevor sie ein aufgesetztes Lachen von sich gibt. »Also gut, tschüs dann. Ja, okay. Tschüs!«

Plötzlich streckt sie mir das Telefon hin. »Hier, dein Dad.«

Verwundert kicke ich mir die Schuhe von den Füßen. Normalerweise vermeidet Mum es, mit Dad zu telefonieren, und bisher habe ich immer gedacht, das liegt daran, dass Mum davon traurig wird. Aber jetzt gerade kam es mir eher so vor, als fände sie ihn langweilig.

»Die Verbindung ist mal wieder schrecklich – typisch«, fügt Mum mit einem weiteren Augenrollen hinzu.

Ich nehme ihr das Telefon aus der Hand.

»Dad?« Schnell renne ich nach oben und schließe atemlos meine Zimmertür hinter mir.

»Nora, meine Nora!«, singt Dad am anderen Ende der Leitung. Seine Stimme klingt weit entfernt und wackelig. »Wie geht es meiner kleinen Wildkatze?«

»Du hörst dich irgendwie anders an«, sage ich und versuche, die Lautstärke hochzudrehen.

»Oh, ja, die Verbindung ist nicht so gut …«

Doch das allein ist es nicht, da bin ich mir sicher. Denn auch Dad selbst klingt anders als sonst – genauer gesagt, sein Akzent. Dad hat früher schon immer meinen Namen gesungen, doch inzwischen singt er auch alle anderen Wörter. So als käme er aus einem ganz anderen Land. Aber vielleicht ist das inzwischen auch so, weil er schon so lange in Indien lebt.

»Ich vermisse dich«, sage ich und beiße mir auf die Lippe. Denn obwohl ich manchmal mit Dad telefoniere, habe ich ihn seit vielen Jahren nicht mehr gesehen. Deshalb kommt es mir ein wenig seltsam vor, ihn zu vermissen – denn im Grunde weiß ich gar nicht mehr, wer er ist.

»Oh.« Dad räuspert sich. »Na ja, also, ich dich auch. Allerdings hält meine Arbeit mich ganz schön auf Trab! Wir haben nämlich ein paar neue Tigerjunge im Reservat. Die wurden von ihrer Mutter verlassen, daher brauchen sie Tag und Nacht unsere Pflege.«

Ich setze mich aufs Bett, während die Leitung knistert.

Dad räuspert sich wieder. »Sag mal – deine Mum hat mich gefragt, ob ich vorhabe, demnächst noch mal zurückzukommen. Und ... also ... natürlich kann ich das machen, wenn du mich brauchst, Nora. Nur ... sind die Tigerbabys halt noch sehr klein, und in unserem Team gibt es nicht genug Leute. Aber wenn du unbedingt willst ...«

»Wir brauchen keine Hilfe«, unterbreche ich ihn schnell. »Du brauchst nicht zu kommen, Dad. Außerdem ... scheinst du ja echt beschäftigt zu sein.«

Plötzlich sehe ich einen dunklen Schatten an meinem Fenster vorbeifliegen, und ich drehe mich hastig zur Wand.

Dad lacht. »Ja, das bin ich wirklich. Aber ... ähm ... bist du sicher, dass alles okay ist? Deine Mum hat mir nämlich etwas von einer Prügelei in der Schule erzählt und ...«

»Oh, das war nichts«, wiegle ich ab und halte mir das freie Ohr zu, um das Klopfen von Federn gegen mein Fenster zu ignorieren. »Du kennst mich ja, Dad. Ich bin halt eine kleine Wildkatze. Aber ich kann gut auf mich selbst aufpassen.«

Wieder lacht Dad auf, dann berichtet er mir noch von ein paar anderen Tieren, die er gerade im Reservat aufzieht. Außerdem erzählt er mir Geschichten von seinen waghalsigsten Abenteuern. Anscheinend hat er nämlich Bisons aus einem Erdloch und Lippenbären vor Jägern gerettet. Da die Verbindung sehr schlecht ist, höre ich allerdings irgendwann nicht mehr zu. Erst als das Wort Oma fällt, horche ich wieder auf.

»Sie hat auch viele Tiere …«, sagt Dad. »Und wenn du Lust hast … könntest du … immer so große Unordnung …«

»Hä? Was?« Angestrengt kneife ich die Augen zusammen. »Ich verstehe dich nicht.«

»Ja, die Verbindung … ich meine nur … noch mal bei ihr melden …«

Das Gespräch bricht genau in dem Moment ab, als vor meinem Fenster ein Schlag ertönt. Ich zucke zusammen und drehe mich vorsichtig um. Draußen sitzen die Raben, die ich heute schon in der Schule gesehen habe, und ihr geisterhaftes Krächzen dringt durch die Glasscheibe. Doch es ist nicht dieses Geräusch, das mir einen Schauer über den Rücken jagt. Sondern das Hämmern ihrer Krallen und Körper gegen das Fenster, sodass sogar mein Lampenschirm wackelt.

Ich renne nach unten, um zu schauen, ob Mum

das Geräusch auch hören kann, da klopft plötzlich jemand feste an die Haustür. Ich reiße die Tür auf und rechne damit, lauter rabenschwarze Federn zu sehen – doch stattdessen steht ein verschwitzter, panischer Kwame vor mir. Er hält die Hand noch vom Klopfen in der Luft.

»Geh weg, ich …«, beginne ich zu knurren, doch Kwame unterbricht mich.

»Nein, warte! Es geht um meinen Opa! Er ist … bitte … ich weiß nicht, was ich tun soll!«

Mein Herz pocht so heftig, dass ich es in meiner Kehle spüre, und sofort mache ich die Tür ganz auf, damit Kwame reinkommen kann. Doch stattdessen zieht er mich nach draußen, obwohl ich keine Schuhe anhabe.

»Was ist los, ihr beiden?«, ertönt Mums Stimme hinter mir. Sie mustert den in Tränen aufgelösten Kwame.

»Mein Opa …«, wiederholt er atemlos. »Er ist hingefallen!«

Ich nehme seine Hand und drücke sie fest, dann drehe ich mich zu Mum um, aber sie ist im Haus verschwunden. Sofort steigt Angst in mir auf, weil ich denke, sie könnte wieder eine Panikattacke bekommen. Doch dann kehrt sie mit demselben knallgrünen Erste-Hilfe-Kasten zurück, mit dem sie mich nach meinem Sturz verarztet hat.

»Mum, bleib besser …«, sage ich.

»Zieh dir die Schuhe an, Nora.« Sie streckt mir meine Turnschuhe entgegen, ihre eigenen hat sie schon an. Dann lächelt sie Kwame zu, als würde sie ihn schon ewig kennen. Sie legt ihm die Hand auf die Schulter. »Kannst du mich zu deinem Opa bringen?«

Kwame nickt. Er sieht immer noch völlig verzweifelt aus, trotzdem führt er Mum über die Straße, während ich hastig meine Schuhe anziehe und die Tür hinter mir schließe. Dann eile ich den beiden hinterher.

Zusammen betreten wir den Flur und gehen durch die Mischmasch-Küche, die mir in diesem Moment wie eine merkwürdige Explosion aus Farben vorkommt.

Kwame stolpert die Hintertür hinaus in den wilden Garten, an dessen Ende der kaputte Wohnwagen steht. Mein Herz krampft sich zusammen, als ich Kwames Opa auf dem Trampelpfad neben dem Wagen liegen sehe. Er scheint Schmerzen zu haben.

»Alles wird gut, Opa, ich habe Hilfe geholt«, sagt Kwame leise.

Der alte Mann schaut Kwame, Mum und mich verwirrt an. »Wer seid ihr? Es geht mir gut. Ich brauche keine Hilf–« Er versucht, sich zu bewegen, und zieht dabei scharf die Luft ein.

Mum beugt sich zu ihm hinunter, um ihn zu stützen, aber ich habe keine Ahnung, was ich tun soll. Ich schaue mich um – und da sehe ich auf einmal einen einzelnen Geisterraben auf dem Rasen neben uns sitzen. Er guckt mich an und deutet mit dem Schnabel auf einen Notizblock und einen Stift auf dem Boden, die vermutlich Kwames Opa aus der Tasche gefallen sind.

Schnell schnappe ich mir beides und schreibe in großer Schrift:

Nora Frost –

Kwames Freundin

Ich stecke den Zettel in die Brusttasche meines T-Shirts, und als Kwames Opa ihn liest, sieht er sofort ein bisschen weniger verwirrt aus. Auch Kwame wirft einen Blick auf das Stück Papier, dann schaut er mich an.

Ich forme die Worte *Es tut mir leid* mit meinem Mund, und Kwame nimmt meine Hand und drückt sie fest.

In der Zwischenzeit öffnet Mum ihren Erste-Hilfe-Kasten und spricht dabei ruhig und deutlich mit

Kwames Opa. Vorsichtig kontrolliert sie seine Pupillen und seinen Kopf und strahlt dabei wie ein kunterbunter Regenbogen. Es kommt mir vor, als wäre sie wieder zum Leben erwacht, um Menschen zu helfen und die Welt wieder in Ordnung zu bringen. Schnell reiße ich einen weiteren Zettel aus dem Notizblock und schreibe darauf:

Miri Frost –

Rettungssanitäterin

Ich stecke das Papier an Mums Pulli, und sie lächelt mich kurz an, bevor sie sich Kwame zuwendet.

»Du hast genau das Richtige getan«, sagt sie zu ihm. »Deinem Opa scheint es insgesamt gut zu gehen, aber ich denke, wir sollten ihn trotzdem ins Krankenhaus bringen lassen. Nur zur Sicherheit, verstehst du? Weißt du, wie man einen Krankenwagen ruft, Kwame?«

Er nickt. »Man wählt die 112? Aber ich habe das noch nie gemacht.«

»Nora hilft dir – okay, mein Schatz?«

Ich nicke und ziehe Mums Smartphone aus ihrer

Hosentasche. Dann drücke ich noch einmal Kwames kalte Hand.

»Alles wird gut«, beruhige ich ihn. »Meine Mum ist Rettungssanitäterin, sie weiß, was sie tut. Und sie scheint sich nicht allzu große Sorgen zu machen.« Ich lächle aufmunternd, und Kwame nickt. Da er immer noch ein bisschen zittert, setze ich mich mit ihm ins Gras, bevor ich 112 wähle. Mum ist gerade dabei, sich mit Kwames Opa gegenseitig Witze zu erzählen.

»Willst du, dass ich mit der Rettungszentrale spreche?«, frage ich Kwame.

Er schüttelt den Kopf. »Nein, das schaffe ich schon.«

Ich gebe ihm das Smartphone, als das erste Freizeichen ertönt. »Klar, du schaffst das«, bekräftige ich.

Kwame lässt meine Hand nicht los, während er mit dem Mann am anderen Ende der Leitung telefoniert. Dabei nennt er die Adresse seines Opas, und ich helfe ihm mit der Postleitzahl, denn unsere Häuser haben die gleiche. Als der Mann wissen will, was genau passiert ist, erzählt Kwame, dass sein Opa auf dem Boden gelegen hat, als er aus der Schule kam. Sofort drücke ich seine Hand noch einmal extrafest. Zum Schluss möchte der Mann mit meiner Mum sprechen, und sie erklärt ihm, dass die Vitalzeichen von Kwames Opa gut aussehen, aber dass er Schmerzen in der Hüfte hat.

Kwame zählt für Mum alle Medikamente auf,

die sein Opa einnehmen muss, und zeigt uns sogar Zeichnungen von den Pillenfläschchen in seinem Heft. Ich muss lachen, weil manche davon schuppige Drachenschwänze haben und Feuer spucken.

»Du bist so ein toller Junge!«, sagt Mum zu Kwame, und Kwames Opa nimmt seine Hand.

»Er ist der Beste«, stimmt der alte Mann zu
Kwame strahlt über das ganze Gesicht.

Bis der Krankenwagen kommt, versucht Kwame, seine Eltern zu erreichen. Er ruft bei sich zu Hause auf dem Festnetz an, doch niemand hebt ab. Dann lassen wir uns alle zusammen auf dem Rasen nieder, um Kwames Opa Gesellschaft zu leisten. Obwohl der alte Mann noch Schmerzen hat, geht es uns allen insgesamt schon viel besser. Und das verdanken wir Mum, die uns zum Lachen bringt und uns das Gefühl gibt, dass alles gut wird.

Als der Krankenwagen da ist, geht Mum ins Haus, um ihre Kollegen in Empfang zu nehmen. Kwames Opa schließt für einen Moment die Augen in der untergehenden Sonne.

»Deine Mum ist supertoll«, sagt Kwame zu mir.
Ich lächle. »Ja, das stimmt.«

»Ich hatte keine Ahnung, dass sie Rettungssanitäterin ist. Du bist bestimmt richtig stolz auf sie.«

Ich spüre, wie ich rot anlaufe, doch ich nicke. Denn Kwame hat recht. Und weil er gerade meine

Hand hält, so wie er im Schulsekretariat Mums Hand gehalten hat, beschließe ich, ihm die ganze Wahrheit zu sagen. »Weißt du, was PTBS ist, Kwame?«

Er schüttelt den Kopf, und ich lecke mir nervös über meine trockenen Lippen.

»PTBS steht für …«

»Posttraumatische Belastungsstörung«, schaltet Kwames Opa sich ein. Seine Augen sind immer noch geschlossen.

Kwame lächelt und gibt ihm einen kleinen Stups. »Angeber.« Sein Opa öffnet kurz die Augen, um Kwame zuzuzwinkern.

»Woher wissen Sie, was PTBS ist?«, frage ich.

»Wie ich schon sagte, Nora: Aus Büchern kann man eine Menge lernen.«

»Aber was ist denn eine PTBS?«, hakt Kwame nach.

Ich denke daran zurück, was Mum und die Ärztin mir vor Weihnachten erklärt haben. »Manchmal können Menschen nicht vergessen, wenn sie schlimme Dinge erlebt haben«, antworte ich. »Und letztes Jahr hat meine Mum als Sanitäterin viel Trauriges und Schreckliches gesehen. Deshalb kommen die Geister dieser Dinge manchmal zu ihr zurück und machen sie selbst traurig; oder wütend; oder ängstlich. So wie an dem Tag in Miss Rose' Büro, weißt du noch?«

Kwame nickt mit aufgerissenen Augen. »Also sieht deine Mum auch Geister?«

Ich werfe einen Blick zur Hintertür, von wo ich Stimmen wahrnehme. »Es sind andere Geister als meine. Eher so was wie Erinnerungen. Aber Mum bekommt Hilfe und hat sich von der Arbeit beurlauben lassen, bis sie wieder gesund ist.«

Kwame seufzt tief. »Dann ist deine Mum ja noch viel cooler, als ich dachte.«

Ein Grinsen breitet sich auf meinem Gesicht aus, und ich setze mich aufrechter hin. Dann streckt Kwames Opa seine Hand aus und legt sie über Kwames und meine verschränkten Hände. Seine Augen sind jetzt weit geöffnet.

»Ich vergesse zwar manche Dinge, Nora«, sagt er. »Aber eines weiß ich ganz genau: PTBS ist kein Grund, sich zu schämen.«

In mir steigen tausend Gefühle gleichzeitig auf und verschlagen mir die Sprache. Deshalb kann ich auch weder Danke noch etwas anderes sagen. Doch in dem Moment kommt sowieso Mum mit zwei Rettungssanitätern heraus, woraufhin Kwame und ich Platz machen, damit sie helfen können.

Zusammen schauen wir zu, wie sie Kwames Opa auf eine Liege heben, und ich bin überglücklich, Mum mit anpacken zu sehen. Sie bewegt sich, als wäre das Ganze das Selbstverständlichste der Welt für sie. Ich könnte vor Stolz platzen.

»Jetzt fühle ich mich wirklich wie ein alter, schwacher Dummkopf«, sagt Kwames Opa, während er den Weg entlanggetragen wird.

Mum lächelt warm. »Hilfe anzunehmen hat nichts mit Schwäche oder Dummheit zu tun, Erwin.« Kurz treffen sich Mums und mein Blick, und ihr Lächeln verblasst ein wenig. Verlegen schaut sie auf ihre Füße.

Da höre ich plötzlich den Geisterraben hinter mir krächzen, und diesmal drehe ich mich um und betrachte ihn genau. Er schiebt seine Brust stolz vor, und sein Gefieder glänzt prächtig in seinem eigenen Regenbogenlicht.

17

Kwame und ich rennen zu ihm nach Hause, um seinen Eltern Bescheid zu sagen, bevor der Krankenwagen losfährt.

Wir sprinten den Hügel hinunter, und als wir um die Ecke biegen, stelle ich fest, dass sein Haus genauso aussieht wie alle anderen in meiner Straße – zumindest von außen. Von innen ist es jedoch trubeliger als alles, was ich je erlebt habe. Überall toben Kwames Brüder herum, klettern, schubsen sich gegenseitig und schreien.

»*Hier* wohnst du?«, kichere ich.

Kwame verdreht die Augen. Es ist irgendwie lustig, dass ein Junge, der so gerne allein ist wie Kwame, ausgerechnet in so einem Gewusel lebt.

»Ja«, antwortet er. »Deshalb bin ich so oft bei meinem Opa.«

Kurz darauf lässt Kwame mich im Flur zurück. An allen Kleiderhaken hängen Jacken, und auf dem Boden liegt Spielzeug herum. Irgendwann kommt

Baby John auf mich zugekrabbelt und klammert sich an meinem Bein fest. Ich luge ins Wohnzimmer, wo Owen und Payne miteinander raufen und jemand, den ich nicht sehen kann, ihnen aus der Küche etwas zuruft. In der Luft liegt ein süßer Essensduft, der meinen Magen knurren lässt.

Ich höre, wie Kwame etwas sagt – und auf einmal ist die allgemeine Unruhe vorbei.

»Kinder, zieht sofort eure Jacken an!«, ertönt eine Männerstimme.

Sofort hören Owen und Payne auf zu kämpfen, und sogar Baby John lässt mein Bein los. Keine Sekunde später strömen alle in den Flur, um sich anzuziehen, und ich finde, dass Kwame recht hat: Hier riecht es wirklich ein bisschen nach Füßen.

Ein Mann, der Kwames Dad sein muss, kommt hinzu. Er hat lange Dreadlocks, die von einem regenbogenfarbenen Haarband zurückgehalten werden, und sieht sehr besorgt aus.

»Kwame, kannst du hinter uns abschließen?«, fragt er, während er bereits die Tür öffnet.

Kwame nickt, und sein Dad eilt nach draußen und rennt mit wehendem Mantel den Hügel hinauf.

Sofort wird es wieder trubelig, weil Baby John schreit und Owen und Payne von Neuem angefangen haben zu streiten.

»Hey, das ist meine Jacke!«, beschwert sich Payne.

»Au, du stehst auf meinem Fuß!«, jault Owen.

»Dadadada!«, gibt Baby John seinen Senf dazu.

Obwohl es hektisch zugeht, bleibt Kwame sehr
ruhig. Er drückt jedem seiner Brüder die richtige Jacke in die Hand, nimmt Baby John auf den Arm und
sperrt die Tür hinter uns ab.

»Du erinnerst dich noch an meine Brüder, oder,
Nora?«, fragt er mich. »Nur Izaak ist nicht da, weil
er Zeitungen austragen muss.«

»Klar erinnere ich mich. Hi«, sage ich schüchtern.

Owen winkt mir zu, und Payne verpasst mir einen
Klaps auf den Rücken, als würden wir uns schon
ewig kennen. Dann folgen wir Kwame den Hügel
hinauf. Als wir oben ankommen, ist Kwames Dad
gerade dabei, mit in den Krankenwagen zu steigen.
Alle verstummen.

»Kwame, pass bitte auf die Kleinen auf«, ruft sein
Dad zu uns herüber. »Ich habe eure Mum angerufen,
sie ist jetzt auf dem Rückweg von der Arbeit.«

Kwame nickt, doch dann mischt sich Mum ein.
»Ihre Söhne können gerne für eine Weile bei uns bleiben. Wir haben ein Auge auf sie.«

Kwames Dad nickt ihr dankbar zu, bevor die Tür
des Krankenwagens geschlossen wird und der Wagen
losfährt.

Mum lässt ihren Blick über die vielen Kinder gleiten, auf die sie plötzlich aufpassen muss, und schon

steigt die Sorge in mir auf, dass ihren Geistern alles zu viel wird. Aber offensichtlich ist Mum immer noch im Superheldinnen-Modus. Sie hebt Baby John aus Kwames Armen und ruft über das Gezanke von Owen und Payne hinweg: »Wer von euch will Chicken Nuggets?«

Sofort stürmen alle in unser Haus, wo die Vorhänge zur Seite gezogen werden. Mit Baby John auf dem Arm geht Mum in die Küche, und ich schalte für Owen und Payne Cartoons ein, die sie jedoch nur halbherzig anschauen. Kwame treibt in der Zwischenzeit ein verstaubtes Brettspiel auf, das ich nicht mehr gespielt habe, seit Saffie das letzte Mal hier war. Dann fangen wir alle zusammen an zu spielen.

Um mich herum ist es laut, aber wir haben einen Riesenspaß. Owen ist zwar viel jünger als Kwame und ich, aber er ist richtig clever. Payne fällt das Stillsitzen schwer, doch er lacht über meine Witze, als wären sie zum Brüllen komisch. Es ist schön, Kwame wieder lächeln zu sehen. Aber noch schöner ist es, als Mum endlich die Chicken Nuggets und die Pommes frites zu uns bringt und wir uns gemeinsam darüber hermachen.

Mum setzt sich mit uns auf den Boden und lacht herzlich mit Payne mit, bis es an der Tür klingelt. Kurze Zeit später kommt eine Frau im hellrosa Anzug herein, die Kwames Mum sein muss. Sie küsst jeden ihrer Söhne auf den Kopf und nimmt Baby John auf den Arm.

»Du bist Nora, nicht wahr?«, wendet sie sich an mich und umfasst meine Hand. Ich lächle sie schüchtern an. »Wir haben schon so viel von dir gehört.«

Schnell schaue ich zu Kwame, der ein bisschen beschämt aussieht. Dann schüttelt er unauffällig den Kopf in meine Richtung, weil er vermutlich weiß, was ich mich gerade frage: Hat er seiner Familie von den Geistertieren erzählt? Erleichterung breitet sich in mir aus – er hat ihnen nichts verraten!

Kwames und meine Mum setzen sich zusammen aufs Sofa, und unser Wohnzimmer ist ein einziges Feuerwerk aus Lärm, Lachen und bunten Farben. Und als Kwames Mum aufsteht, weil es Zeit zu gehen ist, seufze ich enttäuscht mit den Jungs mit.

Payne wirft aus Versehen das Brettspiel um, aber Kwame hilft mir, die Figuren wieder einzusammeln. Dabei fällt mir auf, dass unsere Socken mit Tigerstreifen wieder haargenau zueinander passen.

»Warum trägst du die eigentlich?«, frage ich, während wir die Spielsteine zurück in den Karton räumen.

Kwame weicht meinem Blick aus. »Ich hab gesehen, dass du solche anhattest, als wir uns zum ersten Mal begegnet sind. Da dachte ich, Tigersocken könnten unser Erkennungszeichen werden. Es ist nämlich richtig schön, jemanden zu kennen, der so ist wie ich.«

Plötzlich muss ich daran denken, wie unfreundlich ich nach meinem Streit mit Joel zu Kwame war. »Tut mir leid, dass ich mich so fies benommen habe«, entschuldige ich mich. »Aber ich finde, wir können auch Freunde sein, wenn wir unterschiedlich sind. Mir gefällt es nämlich, dass du auf etwas andere Art seltsam bist als ich.«

Kwame grinst breit.

Während Kwames Mum den Kleinen beim Schuheanziehen hilft, bleibt Kwame zurück, um mit meiner Mum zu sprechen.

»Danke, dass Sie mir heute geholfen haben«, sagt er. »Wird mein Opa wieder ganz gesund?«

Mum drückt Kwames Schulter und beugt sich zu ihm hinunter. »Davon bin ich überzeugt. Und das hat er allein dir zu verdanken, weil du Hilfe geholt hast. Jetzt werden sich die Ärztinnen und Ärzte im Krankenhaus um ihn kümmern.«

Kwame nickt und folgt seiner Familie inmitten von *Danke* und *Auf Wiedersehen* nach draußen. Mum und ich bleiben an der Tür stehen, um zu winken. Als Kwame sich noch einmal zu mir umdreht, halte ich meine Hand extralang in die Höhe.

»Was für eine nette Familie«, sagt Mum. »Wie hast du Kwame eigentlich kennengelernt?«

Ich schaue zu, wie alle am Ende der Straße um die Ecke biegen. »Er geht auf meine Schule«, antworte ich. »Und jetzt ist er mein Freund.«

18

Die restliche Schulwoche über treffen Kwame und ich uns in jeder Pause unter der Winterkirsche. Dort setzen wir uns mit aneinandergelehnten Rücken auf den Boden und essen die Salate, von denen Kwames Mum immer zu viel macht.

Mittlerweile sprießen die ersten Blätter aus dem Baum, und es fällt mir immer leichter, mit Kwame zu reden und zu lachen. Er erzählt mir, wie es seinem Opa im Krankenhaus geht, und ich erkläre ihm medizinische Wörter und Abkürzungen, die er nicht kennt – zum Beispiel Infusionslösung oder MRT. Zum Glück wurde festgestellt, dass sein Opa sich bei seinem Sturz nichts gebrochen hat. Deshalb wird er heute – an einem Freitag – auch schon wieder entlassen. Von jetzt an soll er einen kleinen Sender mit einem Knopf daran um seinen Hals tragen, den er drücken kann, wenn er Hilfe braucht. Der Sender schickt dann ein Signal an die Smartphones von Kwames Eltern, damit sie sofort zu ihm kommen können.

»Wie findet dein Opa die Idee, so einen Sender zu tragen?«, frage ich, nachdem wir unser Mittagessen gegessen haben.

Ich spüre, wie Kwame hinter mir mit den Schultern zuckt. »Na ja, er ist wirklich grottenschlecht darin, um Hilfe zu bitten. Aber vielleicht erinnert ihn der Sender ja daran, dass er sich auf uns verlassen kann. Nicht nur auf mich, sondern auch auf Mum, Dad und den Rest der Familie.«

Eine Brise streicht über den Ast-Kokon um uns herum, und die neuen Blätter rascheln, als säßen wir mitten in einem Amphitheater. Kwame glaubt, dass die Knospen bald richtig aufblühen werden, und ich kann es kaum erwarten, mit ihm unter einer Blumenfontäne zu sitzen.

Doch heute erzähle ich ihm erst mal von meinen Begegnungen mit den Unglücksraben. »Am Anfang habe ich gedacht, sie wollten mich dafür bestrafen, dass ich Geistertiere angeschrien oder ignoriert habe. Aber jetzt bin ich mir nicht mehr so sicher. Ich vermute eher, sie wollten mir sagen, dass dein Opa Hilfe braucht.«

Kwame sieht mich an. »Das hört sich an, als würdest du die Geistertiere für lebendige Wesen halten.«

Ich runzle die Stirn. »Das sind sie doch auch, oder nicht? Du hast gesagt, du glaubst mir, dass es sie gibt.«

Kwame macht ein nachdenkliches Gesicht, und ich fühle ein bisschen Wut in mir aufsteigen. Doch dann nickt er endlich. »Es kann gut sein, dass sie dich warnen wollten. Raben sind nämlich sehr schlau. Mein Opa hat deswegen sogar ein Spiel erfunden, das *Rate-den-Raben* heißt. Dabei musst du jemandem zehn Fragen stellen, die er nur mit Ja oder Nein beantworten darf. Und am Ende sollst du herausfinden, an welches Tier derjenige gedacht hat.« Kwame kramt in seinen Jackentaschen nach Buntstiften. »Wenn ich jemals einem Geisterraben begegnen würde, würde ich wahrscheinlich vermuten, dass er mir etwas zeigen will. Oder dass er mir Antworten auf meine Fragen geben will.« Er mustert mich auf Kwame-typische Weise: so als wollte er meine Gedanken lesen. »Gibt es denn Antworten, nach denen du suchst, Nora?«

Ich ziehe die Augenbrauen zusammen und krame in meinem Rucksack nach meinem Apfel. »Vielleicht ...«

Kwame kneift die Lippen zusammen und fängt an, Federn zu zeichnen. Ich schließe währenddessen meine Finger um das Tagebuch, das Miss Omar mir gegeben hat. Noch habe ich nichts hineingeschrieben, aber das werde ich jetzt ändern. Und ich gebe mein Bestes, bei der Wahrheit zu bleiben – genau wie Miss Omar gesagt hat.

Zuerst schreibe ich alles über die Füchsin und die anderen Geistertiere; und dass ich endlich wissen möchte, warum sie zu mir gekommen sind. Dann beschreibe ich meinen Fahrradunfall und meine Freundschaft mit Kwame, der auf seine ganz eigene Art seltsam ist. Und zum Schluss schreibe ich noch etwas über Mum.

Die Wahrheit über Mum zu sagen, fällt mir schwer. Denn ich liebe sie, und für mich ist sie der beste Mensch auf der Welt. Trotzdem bildet sich jedes Mal ein Knoten in mir, wenn ich an ihre PTBS denken muss; und daran, dass sie manchmal noch im Bett liegt, wenn ich aus der Schule komme. Während ich meinem Tagebuch all diese Dinge anvertraue, fühle ich mich ein bisschen wie eine Verräterin.

Als es zum Ende der Mittagspause klingelt, lese ich schnell noch einmal die letzten Zeilen, die ich geschrieben habe – und sofort krampft sich mein Herz zusammen.

Denn dort stehen die scheußlichsten und grässlichsten Worte, die ich jemals gedacht habe. Ganz besonders schäme ich mich für meine allerletzte Zeile. Am liebsten würde ich sofort das Blatt herausreißen und es zerknüllen, damit es nie jemand zu Gesicht bekommt.

»Kommst du, Nora?« Kwame hält die Zweige für mich zur Seite.

Schnell klappe ich das Tagebuch zu und stopfe es ganz nach unten in meinen Rucksack. In meinen Ohren rauscht das Blut wie ein Wasserfall.

Auch während des Nachmittagsunterrichts geht mir meine fiese letzte Zeile nicht aus dem Kopf. Und als Kwame uns mit seinem Fahrrad nach Hause fährt, bin ich tief in Gedanken versunken.

»Hast du irgendwas?«, fragt er, als könnte er meine Gedanken lesen.

»Nein«, antworte ich bloß.

Ich bin nicht sicher, ob Kwame mir glaubt, denn er schlägt einen anderen Weg ein. Wir verlassen den Radweg und biegen zum Kanal ab, wo strahlend weiße Schwäne über der Stelle schwimmen, an der mein Fahrrad versunken ist. Die Natur sieht schön aus, und es macht Spaß, mit Kwame die Brücken rauf-

und runterzusausen. Und als wir durch die Tunnel rasen, rufen wir zusammen unsere Namen, sodass sie sich im Echo vereinen.

Gerade kommen wir wieder aus einem Tunnel hinaus – da sehe ich am Himmel etwas Vertrautes.

»Der Geisterrabe ist wieder da!«

Kwame bremst so ruckartig ab, dass wir beinahe im Kanal gelandet wären. Dann schaut er sich hektisch um, so als könnte er den Raben ebenfalls sehen.

»Wo denn?«

Ich zeige zum Himmel, wo der Geistervogel seine Kreise über unseren Köpfen zieht. Seine regenbogenfarbenen Umrisse schillern in der Sonne. Er ist riesig, und sein Körper mit den ausgebreiteten Flügeln und dem gebogenen Schnabel wirft einen gewaltigen Schatten. Ich schaue mich nach anderen Raben um, doch diesmal ist er allein. Er fixiert mich mit seinen dunklen Augen.

»Wie schön er ist«, flüstere ich.

Kwame schaut über seine Schulter. »Glaubst du, er ist hier, um dir Antworten zu geben?«

Als der Rabe das hört, setzt er zum Sturzflug an, und ich ducke mich, bevor seine Geisterflügel mein Gesicht streifen. Anschließend krächzt er laut – und das Geräusch klingt genauso hohl und hallend wie das Bellen der Geisterfüchsin. So als befände er sich in einem langen Tunnel.

Doch schon im nächsten Moment fliegt der Rabe davon.

»Da lang!«, schreie ich und zeige auf den Weg, auf dem wir gekommen sind.

Schnell versucht Kwame, sein Rad zu wenden, aber ich springe ab und schaue in die Richtung meines Zuhauses.

»Ich ... kann nicht mitkommen«, sage ich, während ich angespannt am Saum meines Schulpullovers herumspiele. »Mum könnte sich Sorgen machen und ...«

Wieder muss ich an Mums Gesichtsausdruck denken, als sie mich so verletzt und schmutzig gesehen hat. Kwame beißt sich auf die Lippe, dann steigt er von seinem Rad und drückt es mir in die Hand.

»Hier! Ich renne zu deiner Mum und sage ihr, wo du bist. Und du folgst inzwischen dem Raben!«

Mit großen Augen starre ich ihn an. »Aber ...«

»Ist schon okay«, ruft er beim Wegrennen. »Ich finde dich! An meinem Fahrrad ist ein Tracker!«

Ungewohnt schnell sprintet Kwame davon, doch ich bleibe einen Moment zögernd stehen. Ich kann mich nicht entscheiden, ob ich Kwame oder dem Raben folgen soll. Aber irgendetwas in mir fühlt sich so an, als hätte der Rabe sich ein Stück von mir weggenommen, das ich mir zurückholen muss. Außerdem will ich Antworten haben: warum die Geistertiere hier sind; was sie mir zeigen wollen; und wie ich Mum helfen kann, wieder gesund zu werden.

Schnell steige ich auf Kwames Fahrrad, das ganz anders ausgestattet ist als meins. Es hat nur halb so viele Gänge und keine Federung. Dafür fährt es überraschend schnell, und bald schon rase ich hinter dem Raben her, als hätte ich plötzlich eigene Flügel.

In den Tunneln trete ich laut jauchzend in die Pedale, sodass ich den Raben bald eingeholt habe und wir quasi zusammen fliegen. In weiten Kreisen lässt er sich vom Wind tragen und krächzt, als würde er sich mit mir unterhalten.

Bald schon kommen wir an der Stelle vorbei, an der ich mit meinem Fahrrad ausgerutscht bin, aber diesmal bremse ich rechtzeitig ab. Und ich lasse mich auch nicht ablenken, als der Rabe die Böschung neben mir hinauffliegt und durch die Bäume gleitet.

Da die Böschung sehr steil ist, steige ich ab und schiebe das Rad durch das hohe Gras. Immer wieder kratzen Dornen an meinen Hosenbeinen und bleiben in den Speichen hängen. Endlich erreiche ich den Pfad und steige wieder auf, um die Böschung hinabzufahren. So folge ich dem Raben zu den Bahngleisen, die sich durchs Tal schlängeln.

Es ist ewig her, seit ich das letzte Mal mit dem Zug gefahren bin. Ich glaube, es muss noch vor Dads Abreise gewesen sein, denn meine Erinnerungen daran sind verschwommen und blass. Trotzdem muss ich darüber nachdenken, als ich hinter dem Raben her ins Tal rolle. Unten angekommen, sehe ich, dass ein Holzzaun den Pfad von den Schienen trennt. Außerdem gibt es ein Tor zu einer hölzernen Treppe, die zu den Gleisen führt. Auf der anderen Seite der Schienen führt eine ähnliche Treppe wieder nach oben. Obwohl am Zaun ein Schild befestigt ist, auf dem *Fußweg* steht, entdecke ich noch andere Schilder.

Auf einem davon steht:

VORSICHT! BAHNÜBERGANG!
LEBENSGEFAHR!
ZÜGE AUS BEIDEN RICHTUNGEN!
FÜR UNBEFUGTE ZUTRITT VERBOTEN!

Der Rabe lässt sich auf dem Zaun nieder und krächzt mich laut an. Keuchend komme ich zum Stehen, meine Haare schweißnass unter meinem Helm. Ich bleibe auf dem Sattel sitzen, während der Rabe anfängt, hin und her zu hüpfen, so als wollte er mir mit seinem Vogeltanz etwas mitteilen – und zwar, dass ich ihm zu den Gleisen folgen soll.

»Da gehe ich nicht hin!«, rufe ich ihm zu. »Das ist viel zu gefährlich!«

Wütend krächzt der Rabe mich an, und ich krächze wütend zurück.

»Nein, auf keinen Fall!«, bekräftige ich. »Ich bin doch nicht wahnsinnig!«

Daraufhin dreht der Rabe mir den Rücken zu, und ich murmle missmutig vor mich hin. Dann lasse ich Kwames Rad zu Boden fallen, stampfe zu einem Baum und setze mich mit verschränkten Armen daneben.

Ich bin wütend auf den Raben. Schließlich will ich ihm folgen, um Antworten auf meine Fragen zu bekommen. Aber ich habe Mum versprochen, auf mich aufzupassen. Außerdem bin ich wütend auf Kwame, weil er gerade nicht da ist. Und auf Mum, weil Kwame ihretwegen zurückrennen musste.

Auf einmal fällt mir mein Tagebuch wieder ein, das ganz unten in meinem Rucksack steckt. Ich nehme es raus und schlage es auf. Doch ich schaue mir nicht die grässlichen Worte an, die ich heute in der Mittagspause geschrieben habe. Stattdessen blättere ich zu einer leeren Seite und kritzle etwas kreuz und quer über alle Linien:

Es tut gut, diese Worte aufzuschreiben, denn ich fühle mich dabei, als würde ich gleichzeitig treten und schlagen. Nach einer Weile werde ich innerlich ruhiger, und es kommt mir vor, als hätte ich mir einen Stachel aus der Hand gezogen, der mich schon lange gequält hat.

Ich schaue auf und stelle fest, dass der Rabe sich

auf meinem Rucksack niedergelassen hat. Er starrt mich mit schief gelegtem Kopf an.

Aus der Nähe sieht er noch viel beeindruckender aus als aus der Entfernung. Er hat einen langen, gebogenen Schnabel, dessen Oberseite etwa bis zur Hälfte mit Federn bedeckt ist. Außerdem hält der ganze Vogel niemals still, sondern hüpft und zuckt, während er mich mit bohrendem Blick mustert.

Doch ich habe keine Angst vor ihm. Schließlich glauben Kwame und ich nicht, dass er mir etwas tun will.

Ich strecke meine Hand aus, und der Rabe beäugt mich misstrauisch. Dann dreht er sich um und duckt sich ein wenig, damit ich ihm den Rücken streicheln kann. Ich atme tief ein, und als ich ihn berühre, spüre ich die gleiche taub-leere Geisterkälte wie bei den anderen Tieren.

Ich streichle den Raben zweimal, bevor er mich anguckt, als wollte er mich fragen: *Und? Bist du jetzt zufrieden?*

Ein Lächeln breitet sich auf meinem Gesicht aus, und ich werfe einen Blick zum Pfad hinauf, um zu sehen, ob Kwame schon da ist. Noch nicht. Auf einmal fällt mir das Spiel von Kwames Opa wieder ein, das *Rate-den-Raben* heißt. Doch obwohl ich gerade die Möglichkeit habe, einem Raben tausend Fragen zu stellen, kommen mir die meisten davon plötzlich viel zu wichtig und schwer vor, um sie laut auszusprechen.

»Kennst du die Füchsin und die Häsin?«, frage ich stattdessen.

Der Rabe krächzt, doch ich verstehe seine Sprache nicht. Also hole ich das braun angelaufene Apfelgehäuse von heute Mittag aus meiner Brotdose und halte es ihm hin. »Die Füchsin hat ihre Lasagne nicht angerührt. Aber kannst du vielleicht etwas essen?«

Der Rabe lässt seinen Schnabel zuschnappen, was irgendwie merkwürdig aussieht, weil er das Apfelgehäuse nie ganz erreicht. Der Schnabel ist immer ein winziges Stückchen zu weit weg.

»Also nicht«, sage ich.

Der Rabe springt wieder auf meinen Rucksack, und mir fällt ein weißer Ring an seinem Fuß auf, der mit Zahlen versehen ist.

»Hast du früher jemandem gehört?«, frage ich ihn.

Der Rabe lässt ein Krächzen ertönen, als wollte er mir sagen, dass er wild ist und niemals jemandem gehören könnte. Trotzdem macht er den Eindruck, als wäre er mit Menschen vertraut. Zumindest deutlich mehr als die Häsin, die immer nur Angst hatte.

Ich räuspere mich. »Warum kann ich dich eigentlich sehen? Und warum ausgerechnet jetzt?«

Der Rabe mustert mich eine Weile, dann schlägt er mit seinen breiten Flügeln und fliegt über den Zaun hinweg auf die Gleise zu.

Ich springe auf und strecke den Arm aus, so als könnte ich nach ihm greifen und ihn bei mir

halten. Doch er ist nur ein Rabe, und sosehr ich es mir auch wünsche, er kann meine Fragen nicht beantworten.

Während ich noch dastehe, höre ich plötzlich eine Stimme. Sie kommt aus der Richtung, in die der Rabe geflogen ist, deshalb gehe ich langsam auf den Zaun zu. Dann schaue ich vorsichtig die steile Treppe hinab.

Auf der anderen Seite der Gleise steht Joel und hält einen Stock in der Hand, der fast genauso groß ist wie er selbst. Und damit schlägt er immer wieder auf einen Baum ein.

»Das ist nicht fair! Das ist nicht fair! Das ist nicht fair!«, brüllt er, während sein ganzer Körper vor

Anstrengung zittert. Die zarten neuen Blätter, die aus den Ästen des Baums sprießen, erzittern.

Eine Welle von Wut steigt in mir auf, denn da ist Joel, und Joel ist ein Mobber, und ich mag ihn nicht. Doch dann fällt mir etwas auf: Hat Joel nicht gerade die gleichen Worte benutzt wie ich?

Joel stößt ein letztes wildes Brüllen aus, dann schleudert er seinen Stock in Richtung der Gleise. Der Stock fliegt über den Zaun, prallt von der Treppe ab und kommt mitten auf den Schienen zum Liegen.

Keuchend starrt Joel auf das Unheil, das er angerichtet hat. Der Stock liegt jetzt quer über den Gleisen, eins der Enden hat sich am Metall festgehakt. Ich spiele mit dem Gedanken, Joel anzuschreien, weil er so etwas Dummes getan hat – da ertönt auf einmal die dröhnende Hupe eines Zugs. Joel und ich schrecken gleichzeitig in die Höhe.

Keine Sekunde später sehe ich den Zug, der in der Entfernung um die Kurve biegt. Und jetzt rast er geradewegs auf den Stock zu. Joel wird kreidebleich und schaut immer wieder zwischen dem Zug und dem Stock hin und her. Schon beginnt der Boden zu vibrieren, und der ganze Wald erbebt.

Auf einmal lässt er sich die Böschung hinunterrutschen, klettert über den Zaun und sprintet die Treppe hinunter, wobei er immer zwei Stufen auf einmal nimmt. Jetzt trennt ihn nur noch ein einziges Gatter von den Gleisen. Er stößt es auf.

»STOPP! BLEIB STEHEN!«, schreie ich lauter, als ich jemals in meinem Leben geschrien habe.

Für einen winzigen Augenblick sehe ich Überraschung auf Joels blassem Gesicht aufleuchten. Doch dann donnert der Zug zwischen uns hindurch und zertrümmert den Stock in tausend Stücke.

19

Mir ist übel. Ich reiße mich vom Zaun los und beuge mich vornüber. *Nein, nein, nein, nein!*, schießt es mir durch den Kopf.

Mein Körper pocht und prickelt vor Adrenalin, und meine Knie werden weich. Außerdem fühlen sich meine Beine so taub an, als würden sie nicht zu mir gehören.

Joel.

Joel wollte auf die Schienen rennen und den Stock aufheben, der vor meinen Augen von den gnadenlosen Zugrädern zerfetzt wurde.

Und es kann sein, dass mit Joel das Gleiche passiert ist. Ich habe immer noch sein bleiches Gesicht vor Augen, kurz bevor der Zug zwischen uns hindurchgerast ist.

Kraftlos lasse ich mich zu Boden sinken und denke an Mum und ihre PTBS. Ob sie sich wohl genauso fühlt, wenn ihre Symptome anfangen? Spürt sie dann die gleiche Panik wie ich gerade?

»Ich hätte es schaffen können, weißt du«, sagt plötzlich eine Stimme hinter mir. Ich drehe mich um. Joel!

Ich rapple mich auf, doch ich kann immer noch nicht sprechen. Joel lebt – und er ist irgendwie auf meine Seite der Gleise gelangt. Er klammert sich am Zaun fest, so als könnte er sich sonst nicht auf den Beinen halten.

»Du … du bist …« Ich schlucke und atme tief durch. »Warum hast du das gemacht? Du könntest tot sein!«

Joel runzelt die Stirn. »Ich wollte nur verhindern, dass der Zug entgleist.«

Er wirft einen Blick über den Zaun, und ich mache einen zittrigen Schritt nach vorne, um ebenfalls zu gucken. Außer Sägemehl ist von dem Stock nichts übrig geblieben.

Wut steigt in mir auf, und ich fange an, Joel zu schubsen. »Warum hast du dich in solche Gefahr gebracht?«

Joel ballt die Hände zu Fäusten, während er vor mir zurückweicht. »Hey, lass das!«

Doch das Adrenalin schießt immer noch durch meinen Körper, also schubse ich ihn ein weiteres Mal. Er stolpert in Richtung des Baums, unter dem mein Rucksack liegt. »Du hättest verletzt werden können, Joel! Und deine Eltern …«

Joels Miene verfinstert sich, und auf einmal muss ich wieder an das streitende Paar in Miss Roses Büro denken. Und daran, was Joel geschrien hat, als er auf den Baum eingeschlagen hat.

Ich senke den Kopf. »Tut mir leid … ich …«

»Du weißt gar nichts über meine Eltern!«, schreit Joel mich an.

Er bückt sich, schnappt sich meinen Rucksack und kippt all meine Sachen aus.

»Hör auf!« Ich marschiere auf ihn zu, um ihm den Rucksack abzunehmen – und in dem Moment bekommt Joel mein Rabennotizbuch zu fassen. Ich erstarre.

Joel merkt, was mit mir los ist, und auf seinem Gesicht breitet sich ein hämisches Grinsen aus.

Dann blättert er durch das Buch und schlägt genau die Seite mit den grässlichen Worten auf, die ich heute in der Mittagspause geschrieben habe. Ich öffne meinen Mund zu einem Schrei, aber meine Stimme versagt.

»*Ich wünschte, Mum wäre endlich wieder meine Mum*«, liest Joel mit weinerlichem Tonfall vor. »*Ich wünschte, ich müsste nicht immer so erwachsen sein.*«

Mein Blut beginnt zu kochen, und am liebsten würde ich mich auf Joel stürzen wie ein wildes Tier. Dann würde ich ihn kratzen und beißen, weil er meine scheußlichen Worte in die Welt hinausposaunt hat. Doch ich weiß, dass ich diese Worte geschrieben habe. Und sie hier draußen zu hören, hinterlässt eine tiefe Leere in mir.

Lachend hält Joel das Buch in die Höhe, bereit, noch weitere Sätze vorzulesen. Und ich weiß genau, welche Stelle als nächste kommt: meine allerletzte, schreckliche Zeile.

Plötzlich ertönt Gebrüll hinter mir, und eine rasende Gestalt stürzt sich auf Joel. Joel fällt zu Boden, und das Notizbuch rutscht ihm aus der Hand. Sofort nehme ich es an mich und presse es gegen meine Brust, während zwei Jungen auf dem Boden raufen. Und erst jetzt erkenne ich, wer der zweite Junge ist:

Kwame.

»Nora ist meine Freundin! Lass sie in Ruhe!«, schreit er immer wieder.

Joel versucht sich aufzurappeln, doch Kwame drückt ihn hinunter, so wie ich es bei seinen Brüdern im Wohnzimmer gesehen habe.

Endlich schaffe ich es, mich aus meiner Starre zu befreien, packe Kwame am Arm und ziehe ihn weg. Wahrscheinlich hätte er den Kampf sogar gewonnen, und ich muss zugeben, ich bin ein bisschen beeindruckt.

Mit hochroten Ohren richtet Joel sich auf. »Das wirst du mir büßen, Lahmi!«

»Ich heiße Kwame! Das weißt du genau, du blöder Mobber!« Kwames Gesicht ist wutverzerrt und mit Schmutz gesprenkelt.

»Die da ist die Mobberin!« Joel zeigt mit dem Finger auf mich. »Sie hat mich auf dem Schulhof geschlagen und mich provoziert, weil meine Eltern sich scheiden lassen! Dabei geht es mir ohnehin schon mies genug und … und …«

Und plötzlich passiert etwas, das Kwame und mich die Luft anhalten lässt.

Joel bricht in Tränen aus.

Kwame und ich tauschen überraschte Blicke aus.

»Ich habe gar nichts über Joels Eltern gesagt«, murmle ich Kwame zu, die Augen weit aufgerissen. »Ich meinte nur, dass sie sehr traurig wären, wenn …«

»Nein, wären sie nicht!«, brüllt Joel dazwischen. Er sieht wütend und verzweifelt gleichzeitig aus. »Meine Eltern kriegen sowieso nichts mit, weil sie sich immer nur streiten! Und jetzt lassen sie sich scheiden, und das ist meine Schuld!«

Kaum hat Joel den letzten Satz ausgesprochen, sinkt er in sich zusammen, als hätte er gerade die Ziellinie eines Marathons überschritten. Dann lässt er sich zu Boden fallen und legt den Kopf in die Hände.

Verlegen zupfe ich an meinen Pflastern herum,

doch Kwame geht, ohne zu zögern, auf Joel zu und setzt sich neben ihn. Er legt vorsichtig den Arm um ihn. Ich rechne damit, dass Joel Kwame wegstößt und etwas Gemeines sagt, doch das tut er nicht. Stattdessen lehnt er sich mit bebenden Schultern an ihn.

Mit einem Mal fühle ich mich schrecklich. Denn ich habe Joel auf dem Schulhof geschlagen, anstatt seine Wut, Angst und Einsamkeit zu bemerken. Und dass er das Leben nicht fair findet – genau wie ich.

Ich gehe auf die beiden Jungs zu und setze mich ebenfalls hin, sodass wir einen kleinen Kreis bilden.

»Meine Eltern sind auch geschieden«, sage ich leise.

Joel schaut auf und wischt sich über die Augen. »Wirklich?«

»Ja. Ich war damals zwar erst fünf, aber ich weiß noch, dass ich … sauer war. Und einsam.«

Ich halte nach Geisterflügeln Ausschau, doch außer blauem Himmel und ein paar Schäfchenwolken ist nichts zu sehen. Die Wolken ziehen vorbei, als würde hier unten nichts Wichtiges passieren.

Joel nickt traurig. »Ich will einfach nur, dass alles wieder normal wird.«

Mein Tagebuch klemmt immer noch fest unter meinem Arm, und ich spüre meine Worte darin wie glühende Kohlen: *Das ist nicht fair.*

»Es wird aber nicht wieder normal«, flüstere ich.

Und dann höre ich endlich Geisterflügel flattern und erspähe den Raben auf einem Ast über uns.

Ich schlucke.

»Manche Dinge passieren einfach, und das ist nicht in Ordnung«, fahre ich fort. »Aber du brauchst nicht allein damit klarzukommen, sondern kannst um Hilfe bitten.«

Kwame mustert mich, und mir wird gleichzeitig heiß und kalt.

Plötzlich krächzt der Rabe, fliegt herunter und landet genau in der Mitte unseres Kreises. Er fixiert mich mit seinem Blick, und ich wünschte, Joel und Kwame könnten das satte Schwarz seines Gefieders und das schillernde Glänzen seiner Umrisse sehen.

»Nora hat recht«, sagt Kwame und verpasst Joel einen kleinen Knuff. »Du bist nicht allein. Wir sind nämlich für dich da. Als deine Freunde.«

Joel nickt schniefend.

Der Rabe schaut mich immer noch an, und ich schließe meine Augen. Denn ich glaube, ich weiß nun, warum die Geistertiere hier sind. Und warum ausgerechnet jetzt.

Ich weiß nur nicht, ob ich mutig genug bin, mir selbst die Wahrheit zu sagen.

Kwame lehnt seinen Fuß an meinen, so als wollten

sich unsere Füße umarmen. Und als ich die Augen wieder öffne, sehe ich gerade noch, wie zwei regenbogenschwarze Flügel in den Wolken verschwinden.

20

Schweigend gehen Joel, Kwame und ich auf dem Pfad zurück. Als wir auf dem Stück ankommen, das zu Joels Haus führt, steckt Joel die Hände in die Jackentaschen und beginnt Steine zu kicken.

»Danke, dass du mir das Leben gerettet hast«, murmelt er.

Als ich wieder an den Zug denken muss, durchzuckt mich sofort ein Riesenschreck. Aber ich hebe nur die Schultern. »Danke, dass du uns die Sache mit deinen Eltern erzählt hast.«

Joel nickt, dann geht er mit gesenktem Kopf davon. Seine Hände stecken noch immer in seinen Jackentaschen.

»Du hast Joels Leben gerettet?«, fragt Kwame erstaunt. Er streckt mir meinen Fahrradhelm entgegen. »Was ist denn alles passiert, während ich weg war?«

»Ach, nichts«, antworte ich – und plötzlich fällt mir wieder ein, warum Kwame nicht da war. »Mum!

Wie geht es ihr? Hast du mit ihr gesprochen? War alles okay?«

Kwame hält die Luft an und schaut mich an. »Da war so ein Zettel an der Tür …«

Er gibt mir das gefaltete Stück Papier, aber ich mache mir nicht die Mühe, es aufzufalten. Denn ich weiß sowieso, was darauf steht und will die Worte daher gar nicht sehen.

Eine Weile fahren wir wortlos auf Kwames Rad, bis unsere Mägen anfangen zu knurren, weil fast Abendessenszeit ist. Wir kommen an einem Elsternpaar vorbei, das sich in den Bäumen streitet, und auf einmal muss ich daran denken, wie Kwame sich auf Joel gestürzt hat. Und wie er Joel davon abgehalten hat, die grässliche letzte Zeile aus meinem Tagebuch vorzulesen.

»Warum verteidigst du dich eigentlich nie selbst so, wie du mich verteidigt hast?«, frage ich ihn. »Du kannst das ziemlich gut.«

Kwame lacht. »Ja, aber das kann ich nur wegen meiner Brüder. Es macht mir keinen richtigen Spaß. Aber als ich gesehen habe, was Joel gemacht hat, bin ich so wütend geworden, dass ich mich irgendwie mutig gefühlt habe.«

»Vielleicht solltest du hin und wieder auch für dich selbst mutig sein.«

Ich lächle und spüre, wie Kwame über meine Worte nachdenkt, während wir das letzte Stück des Wegs hinter uns bringen.

»Hast du den Raben eigentlich noch eingeholt?«, erkundigt sich Kwame. »Und hast du deine Antworten bekommen?«

»Ich habe ihn eingeholt, aber er wollte, dass ich ihm über die Gleise folge. Doch das war mir zu gefährlich.«

»Oh«, sagt Kwame enttäuscht. »Aber warum hat er dich dorthin geführt?«

Ich zucke mit den Schultern. »Alle Geistertiere haben mich irgendwohin geführt oder mir irgendwas gezeigt. Die Füchsin hat mich zu dir gebracht, damit ich nicht immer so allein bin. Und die Häsin hat mir gezeigt, dass die Dinge mit Mum …« – ich lecke mir über die Lippen –, »… dass es mir doch nicht immer *gut* geht.«

Kwame erwidert nichts, sondern fährt nur langsam weiter.

»Und ich glaube, der Rabe hat mir gezeigt, dass dein Opa und Joel Hilfe brauchen«, sage ich.

»Außerdem wollte er, dass du zu den Bahngleisen gehst«, fügt Kwame hinzu.

Ich schüttle den Kopf. »Ich glaube, das war nur Zufall, weil Joel da war.«

Doch jetzt, wo ich die Worte ausspreche, bin ich mir nicht mehr so sicher. Und auf einmal blitzt eine verschwommene Erinnerung in mir auf, doch schon im nächsten Moment ist sie wieder verschwunden. Ich klammere mich ein bisschen stärker an Kwame.

Bald schon biegen wir schweigend in unsere Straße ein und bleiben vor meinem Haus stehen, in dem alle Vorhänge zugezogen sind.

»Möchtest du mit zu mir kommen?«, fragt Kwame. »Freitagabends wird bei uns immer gegrillt.«

Das hört sich toll an, aber der Tag war schon ohne Kwames Brüder aufregend genug.

»Nein, danke. Vielleicht beim nächsten Mal«, antworte ich.

Ich klettere vom Gepäckträger, doch als ich weggehen will, zieht Kwame mich plötzlich an sich. Dann umarmt er mich fest, während sich der Lenker seines Fahrrads unangenehm in meine Rippen bohrt.

»Ich weiß nicht, ob ich für mich selbst mutig sein kann«, flüstert Kwame mir ins Ohr. »Aber für dich auf jeden Fall, Nora Frost.«

Es ist schön und merkwürdig zugleich, diese Worte zu hören, und ich winde mich schnell aus der Umarmung. Dann winke ich Kwame kurz zu, bevor ich meinen Helm in den Schuppen bringe. Erst als Kwame um die Ecke gebogen ist, sperre ich die Haustür auf.

Für einen Moment erlaube ich mir zu hoffen, dass Mum auf den Beinen ist, Abendessen kocht und auf mich wartet. Doch das Haus ist leblos und leer und voller böser Geister.

Ich halte immer noch den Zettel in der Hand, den Kwame mir gegeben hat, und falte ihn langsam auf.

Hallo, Nora,

es tut mir leid.

Kannst du bitte zu Saffie oder Kwame gehen?

Hab dich lieb

Mum x

Auf Zehenspitzen schleiche ich die Treppe hinauf und spüre, wie der Knoten in meinem Magen immer fester wird. Währenddessen denke ich darüber nach, was der Rabe mir heute gezeigt hat: dass es vielleicht an der Zeit ist, für mich selbst mutig zu sein; und dass ich mir von anderen Menschen helfen lassen sollte – so wie ich Kwames Opa und Joel geholfen habe.

Ich lege meine Hand auf Mums geschlossene Tür. »Mir tut es auch leid«, flüstere ich.

TEIL VIER

DER OTTER

21

Als ich in der Nacht aufwache, spüre ich, dass etwas in meinem Zimmer ist. Einen Moment lang vermute ich, es könnte sich um die Geisterfüchsin handeln, die wieder auf meiner Brust sitzt.

Blinzelnd versuche ich, die regenbogenfarbene Gestalt zu erkennen, die hektisch versucht, meine Aufmerksamkeit zu erregen. Immer wieder springt sie mit ihren kalten Nichts-Pfoten auf mich und huscht anschließend im Kreis herum.

Schnell setze ich meine Brille auf und stelle fest, dass das schillernde Wesen ein Geisterotter ist. Sein Fell glänzt, als wäre er direkt aus dem Wasser in mein Zimmer geflitzt.

Ich setze mich auf, und der Otter verzieht sein Maul zu einem breiten Grinsen, so als würde er sich freuen, dass ich endlich wach bin. Ich schließe noch einmal die Augen, um mir die letzten Träume aus dem Kopf zu schütteln – doch als ich sie wieder öffne, ist der Otter verschwunden. Stattdessen beugt sich ein riesiger Geistergrizzlybär über mein Bett.

Ich schnappe nach Luft, denn ich kann nirgendwo einen regenbogenfarbenen Schimmer erkennen, sondern nur einen dicken Bauch und einen Schnurrbart und …

»Bill?« Ich reibe mir die Augen und schaue mich nach dem Otter um. »Was machst du hier?«

»Hey, meine Kleine. Deine Mum hat mir eine Nachricht geschickt, deshalb bin ich vorbeigekommen. Sie hat gesagt, du hast einen Freund hier in der Straße – Kwame, nicht wahr?«

Ich nicke, obwohl ich nicht verstehe, was los ist.

»Was hältst du von einer kleinen Pyjama-Party bei Kwame?«, fragt Bill als Nächstes.

Ich lehne mich zur Seite und werfe einen Blick auf meinen Wecker. »Es ist sechs Uhr morgens.«

Bill richtet sich auf. »Das ist schon in Ordnung. Ich habe Kwames Familie angerufen, und sie sind alle schon wegen Baby John wach. Zieh dich am besten schnell an, okay?«

Ich nicke, und Bill verlässt das Zimmer. Am ganzen Körper zitternd, steige ich in meinen Overall und streife mir mein T-Shirt versehentlich auf links über. Bill ist noch nie um diese Uhrzeit in meinem Zimmer gewesen, also kann das nur bedeuten, dass etwas nicht stimmt. Ich habe keine Ahnung, welche

Sachen ich zu Kwame mitnehmen soll, deshalb greife ich nach meinem Schulrucksack, obwohl Samstag ist. Mein Notizbuch mit meinen grässlichen Worten steckt immer noch darin. Sie lauern dort wie ein schuldiges Geheimnis. Auf Zehenspitzen schleiche ich in den Flur und sehe, wie Bill sich in Mums Zimmer lehnt und leise mit ihr spricht. Ich tippe ihm auf die Schulter, und er schließt lächelnd die Tür.

»Ist alles okay mit ihr?«, flüstere ich.

»Ja, alles gut.« Er legt mir seine großen Hände auf die Schultern. »Ich glaube, deine Mum braucht heute einfach ein bisschen Ruhe. Deshalb wäre es ihr lieber, wenn du jemanden besuchen würdest. So wie manchmal nach der Schule, wenn sie dir einen Zettel an die Tür hängt.«

Ich nicke schuldbewusst. Ob Mum wohl ahnt, dass ich nicht mehr zu Saffie gehe? Schließlich will ich lieber hier sein und Mum helfen, wieder gesund zu werden. Obwohl ich gestern Abend wirklich gern mit Kwame gegrillt hätte.

Bill führt mich die Treppe hinunter.

»Darf ich Mum noch Tschüs sagen?«, frage ich.

»Was hältst du davon, wenn du ihr morgen früh Hallo sagst?«

Morgen früh fühlt sich ewig weit weg an, weil heute noch gar nicht richtig begonnen hat.

Unten angekommen, wartet Bill auf mich, während ich meine Schuhe und meinen Mantel anziehe. Dann treten wir zusammen hinaus in den erwachenden Tag, der den Himmel bunt verfärbt.

Ich drehe mich noch einmal um und schaue auf mein Haus zurück.

»Hast du eigentlich die Telefonnummer von deinem Dad?«, fragt Bill plötzlich.

Ich blinzle überrascht, denn das wollte noch niemand von mir wissen. »Er hat kein eigenes Telefon«, antworte ich. »Aber manchmal ruft er mich von anderen Leuten aus an.«

»Und was ist mit deinen Großeltern?«, hakt Bill nach. »Oder Tanten und Onkel? Deine Mum hat in den letzten Jahren kaum über eure Familie gesprochen.«

Während ich darüber nachdenke, fällt mir der Schatten im Hintergrund der Fotos wieder ein. Und plötzlich steigt eine verschwommene Erinnerung in mir auf, die aber so trüb ist wie das Wasser des Kanals. Also schüttle ich den Kopf. »Es gibt nur Mum und mich. Wir brauchen niemanden und …«

Ich halte inne. Irgendwie fühlt es sich komisch an, diese alten Worte auszusprechen.

Ich werfe noch einen letzten Blick auf unser Haus, das hinter mir kleiner und kleiner wird.

Als wir vor Kwames Haus ankommen, guckt Kwame bereits aus dem Fenster. Er trägt einen Schlafanzug mit Tigerstreifen, an dem noch das Etikett befestigt ist. Ich bleibe stehen, greife nach Bills Ärmel und schaue zu ihm auf. Er sieht müde aus, seine Haare sind zerzaust. Ich möchte ihn fragen, ob es Mum gut geht, und ich wünschte, er würde Ja sagen.

Doch stattdessen beugt er sich zu mir herunter und umarmt mich. »Ich bin immer für dich und deine Mum da«, sagt er zu mir. »Das darfst du nie vergessen, hörst du?«

Bill richtet sich wieder auf, und ich nicke. »Gehst du jetzt wieder zu ihr?«

»Ja. Ab jetzt passe ich auf deine Mum auf, meine Kleine. Und du hast eine schöne Zeit mit Kwame, okay? Mach dir keine Sorgen, deine Mum wird wieder gesund.«

In dem Moment geht die Haustür auf, und ein barfüßiger Kwame steht vor mir.

Ich drehe mich noch einmal zu Bill um, doch der geht bereits den Hügel hinauf. Kwame springt die Stufen hinunter und nimmt mir meinen Rucksack ab.

»Komm rein. Dad macht gerade Pfannkuchen.«

Ich versuche, das komische Gefühl in meinem Magen zu ignorieren, und folge Kwame ins Haus.

Bald schon stelle ich fest, dass das Frühstück bei Kwame ganz anders abläuft als bei Mum und mir –

selbst an einem Guten Morgen. Aus dem Radio auf der Fensterbank dröhnt Musik, und Kwames Dad tanzt und singt krumm und schief mit. Baby John zappelt in seinem Hochstuhl, und Owen und Payne benutzen am Tisch ihre Gabeln als Schwerter.

»Nora!«, ruft Kwames Dad, als er mich sieht. »Wie schön, dass du da bist! Was möchtest du zu deinen Pfannkuchen?«

Er nimmt Owen und Payne die Gabelschwerter aus der Hand und legt sie ordentlich neben ihre Teller.

»Ich … äh … egal«, stottere ich.

»Probier mal Nutella!«, kräht Payne.

»Nein, Erdnussbutter und Marmelade ist besser!«, quakt Owen.

»Ich nehme am liebsten Honig«, schaltet Kwame sich ein und lässt sich neben mich auf einen Stuhl fallen. Keine Sekunde später stellt sein Dad einen Riesenstapel fluffiger Pfannkuchen auf den Tisch.

»Honig klingt toll«, sage ich, und schon spritzt Kwame mir eine Portion auf den Teller.

»Gute Wahl, Nora«, stimmt Kwames Dad zu, bevor er wieder anfängt, zu dem Lied aus dem Radio zu tanzen.

Auch wenn die Pfannkuchen himmlisch schmecken, bin ich froh, als Kwame irgendwann nach meinem Arm greift. »Komm, ich zeig dir mein Zimmer!«

»Sollen wir nicht abräumen helfen?«, frage ich, während ich bereits hinter ihm herstolpere.

Kwame zuckt mit den Schultern. »Nein, das macht mein Dad.«

Es fühlt sich komisch an, die Teller einfach stehen zu lassen, deshalb rufe ich seinem Dad ein Dankeschön zu, bevor ich hinter Kwame die Treppe hinaufstapfe. Dabei stoße ich fast mit seiner Mum zusammen, die gerade mit einem Handtuch auf dem Kopf aus dem Bad kommt.

»Morgen, Nora«, sagt sie freundlich, doch Kwame zieht mich bereits in sein Zimmer.

Auch hier ist alles ganz anders als bei mir zu Hause. Der ganze Raum ist von oben bis unten mit Krimskrams vollgestopft, sodass man kaum den Boden sehen kann. Das größte Möbelstück ist ein riesiges Hochbett, auf dessen oberer Etage eine schlafende Gestalt liegt. Die untere Etage ist von einer Tagesdecke mit Tigerstreifen bedeckt.

»Wer ist das da oben?«, flüstere ich und zeige auf die schlafende Gestalt. Kwame lässt sich auf die untere Matratze fallen.

»Das ist mein großer Bruder Izaak. Samstags schläft er immer bis in die Puppen, aber du brauchst nicht extra leise zu sein. Payne ist schon mal ganze fünf Minuten auf ihm rumgehüpft, ohne dass Izaak es gemerkt hat.«

Ich kichere, während Kwame Zeichnungen von der Füchsin, der Häsin und dem Raben auf dem Bett verteilt.

»Es ist so cool, dass du da bist«, sagt er. »Ich wollte dich nämlich unbedingt sehen. Ich hab noch mal darüber nachgedacht, was du über den Raben erzählt hast. Und dass du ihm auf die Gleise folgen solltest.«

Seufzend setze ich mich auf die Matratze und lehne meinen Rücken gegen die Wand. »Ja, aber das ist viel zu gefährlich«, erwidere ich.

»Nur, wenn du keinen Zug dabeihast«, widerspricht Kwame und reckt einen Finger in die Luft.

»Und wo sollen wir einen Zug hernehmen?«

Kwame lehnt sich zum Schreibtisch hinüber, wobei er einen prüfenden Blick auf seinen schlafenden Bruder wirft. Dann nimmt er einen Laptop aus einer Schublade, die mit lauter Aufklebern bedeckt ist. Darauf stehen Sachen wie: *Finger weg!* und *Du bist gemeint, Kwame!*.

»Wir steigen einfach am Bahnhof ein, so wie andere Leute auch«, sagt Kwame, bevor er etwas auf der Tastatur eintippt. Dann dreht er den Laptop zu mir.

Auf dem Bildschirm ist eine in Blau und Weiß gehaltene Website zu sehen, an deren oberem Rand ein Zug aufgemalt ist. In das erste Suchfeld hat Kwame den Namen unseres örtlichen Bahnhofs eingegeben, doch das zweite Feld, über dem *Ihr Ziel* steht, ist leer geblieben.

Gerade will ich Kwame fragen, was er eigentlich vorhat – da kommt der Geisterotter unter dem Bett hervorgehuscht! Er legt eine Pfote auf die Matratze und neigt den Kopf zur Seite.

Mein Herz beginnt zu hämmern.

»Wir wissen doch gar nicht, ob der Rabe wirklich wollte, dass wir in einen Zug steigen«, gebe ich zu bedenken.

Kwame schaut mich an. »Glaubst du denn, wir sollten irgendwo hinfahren?«

Gerade will ich den Kopf schütteln, da springt der Otter auf meinen Schoß, und ich nicke.

Der Otter starrt mich mit großen, wachen Augen an, so als würde er direkt in den Teil meiner Seele schauen, in dem ich meine verlorenen Erinnerungen aufbewahre.

»Aber ich habe keine Ahnung, wohin«, sage ich.

»Du meinst, du weißt nicht, zu welchem Bahnhof wir fahren sollen?« Kwame wirft einen Blick auf den Laptop. »Vielleicht ist das gar nicht schlimm. Wir können uns einfach ein Ticket zu einem Ort kaufen, der einen schönen Namen hat. Und wenn wir erst mal auf dem Bahnsteig sind … folgen wir … den Geistertieren.«

Der Otter dreht sich begeistert im Kreis, so als wäre das die beste Idee, die er je gehört hat.

Ich selbst bin allerdings noch nicht überzeugt. Denn das Ganze könnte gefährlich sein. Außerdem: Dürfen Kwame und ich überhaupt allein in einen Zug steigen, obwohl wir erst zehn sind?

Kwame guckt mich an und nimmt meine Hand. »Du hast doch gesagt, ich soll auch mal für mich selbst mutig sein, Nora. Und jetzt *bin* ich mutig. Was ist mit dir?«

Ich werfe einen Blick auf die Zeichnungen von der Füchsin, der Häsin und dem Raben, die auf Kwames Bett liegen. Am liebsten würde ich ihm erklären, dass ich Angst habe und nicht mitkommen will. Doch irgendetwas sagt mir, dass ich mich trauen muss – auch wenn ich nicht genau weiß, warum.

Ich muss nur mutig genug sein, mich zu überwinden.

Vorsichtig nicke ich, und schon breitet sich Kwames Grübchen-Lächeln auf seinem Gesicht aus. Und im nächsten Moment rennt der Otter zur Tür hinaus.

22

Punkt 1 auf Kwames Plan lautet: für einen ganzen Tag unsere Eltern loswerden. Zum Glück erweist sich das als überraschend unkompliziert, denn Mum denkt, ich wäre bei Kwame. Und Kwame sagt seiner Mum, wir würden zu Opa Erwin gehen.

Sie ist einverstanden und drückt Kwame eine Plastikdose mit Kartoffelcurry in die Hand. »Hier, nehmt Erwin was zum Mittagessen mit.« Baby John gluckst zufrieden auf ihrem Arm, und zu ihren Füßen raufen Owen und Payne.

Atemlos vor Aufregung schlüpfen Kwame und ich in unsere Schuhe und Jacken, und ich gebe mir Mühe, meine harmloseste Unschuldsmiene aufzusetzen. Offenbar schöpft niemand Verdacht, denn wir schaffen es problemlos nach draußen.

»Glaubst du, wir werden erwischt?«, frage ich, während wir mit Kwames Fahrrad den Hügel hinaufgehen.

Kwame lacht. »Bestimmt nicht. Wenn man so viele Brüder hat wie ich, ist es einfach, zu verschwinden.«

Ich betrachte seine tarnfarbene Jacke. »Du verschwindest ziemlich oft, stimmt's? Unter dem Baum in der Schule oder im Wohnwagen von deinem Opa.«

Kwame schaut auf seine Füße. »Ja, irgendwie schon.«

Ich greife nach dem Fahrradlenker, um Kwame beim Bergaufschieben zu helfen. »Aber *ich* sehe dich, Kwame.«

Kwame strahlt und wirkt, als wäre er gleich ein paar Zentimeter gewachsen.

Als wir vor Opa Erwins Haus ankommen, um ihm die Dose mit dem Essen zu geben, spähe ich zu meiner eigenen roten Vordertür hinüber. Dann setze ich mich auf das Mäuerchen, das Erwins Grundstück umgibt, während Kwame uns drinnen Käsebrote mit sauren Gurken schmiert. Es ist komisch, dass mein Haus von außen so normal aussieht. Doch mir fallen die zugezogenen Vorhänge und Bills parkendes Auto am Bordstein auf. Außerdem ist es ungewöhnlich still – so wie im Auge eines Sturms.

Plötzlich kommt Kwame angerannt und rüttelt eine Blechdose neben meinem Ohr. Ich fahre in die Höhe.

»Hier! Da ist mein ganzes gespartes Taschengeld

drin!«, verkündet er stolz. »Ich bewahre es in Opas Wohnwagen auf, damit Payne es mir nicht klaut.«

Die Büchse rasselt so laut, als wären richtig viele Münzen darin.

»Hast du das Geld nicht gespart, um dir was Besonderes zu kaufen?«, frage ich. Kopfschüttelnd schaut Kwame auf seine Schuhe. »Nein, nicht wirklich. Außerdem ist unser Ausflug wichtiger.«

Daran habe ich meine Zweifel, doch Kwame steckt die Dose bereits in meinen Rucksack. Dann steigen wir aufs Rad und werfen unseren Häusern noch einen letzten Blick zu.

In meinem Bauch rumpelt und rumort es, als würden wir über Kopfsteinpflaster fahren.

»Glaubst du, unser Plan funktioniert?«, frage ich.

»Das werden wir erst wissen, wenn wir's ausprobiert haben, oder?«

Ich nicke und klammere mich ein wenig stärker an Kwame fest.

Während Kwame die Richtung zum Bahnhof einschlägt, fällt mir auf, dass ich den Weg gar nicht genau kenne. Schließlich bin ich immer nur mit dem Auto dorthin gefahren worden. Aber Kwame scheint zu wissen, wo es langgeht, denn er biegt Richtung Stadtzentrum ab und folgt weiterhin dem Kanal. Es ist schön, wieder hier zu sein. Die Sonne scheint und weckt ein paar schlaftrunkene Frühjahrsbienen, die sich auf die Suche nach den ersten Frühlingsblumen machen. Das Wasser schimmert und lässt den Kanal wie einen Fluss aus schlammbedeckten Diamanten erstrahlen. In der Luft liegt ein Hauch von Abenteuer, der den nervösen Knoten in meinem Magen löst.

Als wir an der steilen Böschung ankommen, die der Rabe gestern hinaufgeflogen ist, tritt Kwame unbeirrt in die Pedale, und mir fällt auf, dass ich noch nie so weit geradelt bin. Um mich abzulenken, halte ich im Wasser nach meinem Fahrrad Ausschau, doch es ist nirgends zu sehen.

»Und? Schon was entdeckt?«, fragt Kwame, als könnte er meine Gedanken lesen.

Ich schüttle den Kopf hinter seinem Rücken. »Nein, nichts.«

Vor uns wird der Weg schmaler, und Kwames Beine sind müde, deshalb steigen wir ab und gehen eine Weile im Gänsemarsch. Hinter einer Brücke haben wir die Engstelle hinter uns gelassen, und nun teilt sich der Weg in eine Fußgänger- und eine Fahrradspur. Diesmal klettere ich auf den Sattel, und Kwame setzt sich auf den Gepäckträger. Ich schaffe es nicht, mich vom Boden abzustoßen, obwohl Kwame mir zu helfen versucht, und ich muss lachen.

»Soll ich wieder übernehmen?«, fragt er.

»Nein, ich schaffe das schon.«

Als das Rad erst einmal in Bewegung ist, wird das

Fahren einfacher. Ich spüre, dass Kwame ungeduldig wird, und vielleicht sollte ich mich jetzt bei ihm entschuldigen, weil ich mich so oft über sein Schneckentempo lustig gemacht habe.

Doch bevor ich etwas sagen kann, taucht plötzlich ein regenbogenfarbener Schimmer vor uns auf. Ich bremse abrupt ab, und beinah wären wir im Wasser gelandet.

»Nora, was machst –?«

»Der Geisterotter!« Ich zeige auf die gegenüberliegende Seite des Kanals, wo der Otter gerade fröhlich am Ufer entlanghüpft.

Kwame schnappt nach Luft. »Juhu! Ein Otter-Abenteuer!«

Ich verdrehe die Augen. »Ist das auch so ein Spiel von deinem Opa?«

»Nein«, antwortet Kwame, und ich kann hören, dass er grinst. »Das ist ganz allein unser Spiel, Nora Frost.« Als Nächstes fischt er sein Heft aus seiner Jackentasche. »Was macht der Otter gerade?«

Der Geisterotter springt ins Wasser, ohne ein Platschen zu verursachen.

»Er schwimmt«, antworte ich und deute weiterhin in die Richtung. »Wir müssen da lang.«

»Hurra, das heißt, wir sind richtig!«, jubelt Kwame.

Schnell versuche ich, uns wieder vom Boden abzustoßen, doch mein Atem überschlägt sich vor Aufregung.

»Lass mich wieder fahren«, bietet Kwame mir an, aber ich schnaube bloß.

»Nein, ich kann das genauso gut wie du.«

»Das weiß ich doch, Nora, ich will dir nur ...«

Mit Gebrüll trete ich so kräftig in die Pedale, dass Kwame sich festhalten muss, um nicht hintenüberzufallen.

Der Otter bewegt sich im Wasser sehr flink und schaut nicht ein einziges Mal zurück. Lediglich seine regenbogenfarbenen Umrisse heben sich von dem bräunlichen Schlamm ab. Als wir eine Brücke überqueren, fürchte ich für einen Moment, wir hätten ihn verloren, doch dann taucht er plötzlich neben unserem Vorderrad auf und läuft eine Weile neben uns her. Sein Fell schimmert in der Sonne.

Ich lache laut auf und wünschte, Kwame könnte ihn ebenfalls sehen. Da das aber nicht geht, beschreibe ich ihm die vielen Tasthaare des Otters, seine Schwimmhäute zwischen den Zehen und den langen, spitz zulaufenden Schwanz. Kwame versucht, mit zittriger Hand zu zeichnen, wobei er meinen Rücken als Unterlage benutzt.

Vor uns wird der Weg breiter, und auf der anderen Kanalseite kommt ein Lokal in Sicht, das *Uferblick* heißt. Vor dem Eingang stehen Tische und Bänke, auf denen sich gerade eine Familie über ihr Essen hermacht. Aus irgendeinem Grund muss ich daran denken, wie Bill mich nach Dad gefragt hat, und um ein Haar hätte ich den Otter übersehen, der auf einmal reglos vor uns steht. Er schaut zu einem kleinen Boot hinüber, das an einem Metallpfahl vertäut ist.

Ungeschickt bremse ich mit den Füßen, und wir schlittern in einen Brennnesselbusch.

»Autsch!«, sagt Kwame und reibt sich eine Stelle am Knöchel, die nicht von seinen Tigersocken bedeckt ist. »Was ist denn passiert?«

»Tut mir leid«, entschuldige ich mich. »Der Otter ist stehen geblieben.«

Auf dem Boot bellt ein Hund wie verrückt, während Kwame vom Fahrrad steigt. Der Hund ist klein und hat ein zerknautschtes, niedliches Gesicht. Er kläfft so aufgeregt, als hätte er gerade einen schweren Unfall miterlebt. Ich werfe einen Blick auf den Otter, der sich neben dem Boot im hohen Gras versteckt, obwohl ich nicht glaube, dass der Hund ihn sehen kann.

Ich lasse das Fahrrad in die Brennnesseln fallen und gehe langsam zum Boot hinüber. Der Rumpf ist grün angestrichen und an der Seite mit bunten Blumen bemalt. Zwischen den vergoldeten Fenstern mit Vorhängen steht der Name *Abenteurerin*. Der Hund stellt sich mit den Vorderpfoten auf den Rand des Bugs, und als ich meine Hand ausstrecke, hört er auf zu bellen und versucht sie abzulecken.

Ich lache auf. »Du bist ja viel wärmer als die ganzen Geister!«

»Ich glaube, wir sollten weiterfahren«, drängt Kwame, der aus irgendeinem Grund hinter mir zurückbleibt.

Da geht plötzlich die Tür zur Kajüte auf, und eine vertraute Stimme ertönt. »Was ist los? Haben wir Besuch?« Und im nächsten Moment kommt meine Lehrerin Miss Omar heraus.

Vor lauter Überraschung mache ich einen Schritt zurück und Kwame einen nach vorne.

»Nora?« Blinzelnd schaut Miss Omar zwischen

uns beiden hin und her. »Hallo, ihr zwei. Was macht ihr denn hier?«

Sofort muss ich an das Notizbuch denken, das immer noch ganz unten in meinem Rucksack steckt. »Äh, nichts Besonderes«, erwidere ich. »Wir machen nur eine Fahrradtour.«

»Genau, wir wollen zum Bahn- … autsch!« Kwame verzieht das Gesicht, als ich ihm auf den Zeh trete.

Miss Omar mustert uns interessiert, bevor sie ganz aufs Deck hinaustritt. Der kleine Hund rennt auf sie zu.

»Alles okay, Fox«, sagt sie und krault ihn hinter den Ohren. »Das sind keine Einbrecher, sondern Kinder aus meiner Schule.«

»Ihr Hund heißt Fox?«, frage ich. »Das bedeutet Fuchs.« Ich werfe einen Blick zum Otter hinüber, der den Hund misstrauisch beäugt, während er sich wieder ins Wasser gleiten lässt. »Wohnen Sie hier, Miss Omar?«, erkundige ich mich.

Lächelnd hält meine Lehrerin ihre Teetasse vor die Brust. Mit ihrem dunkelblauen Kopftuch und den grauen Leggings sieht sie ganz anders aus als in der Klasse, wo sie fast immer Regenbogenfarben trägt.

»Manchmal ja«, antwortet sie. »Dann bleibe ich eine Zeit lang auf dem Boot und lege an verschiedenen Stellen an, um die Aussicht zu verändern.«

Vor Staunen bleibt mir der Mund offen stehen. Ich hätte nie gedacht, dass jemand auf einem Boot leben kann – am allerwenigsten meine Lehrerin.

»Welche Rasse ist Fox eigentlich?«, fragt Kwame, der bereits angefangen hat zu zeichnen.

»Ein Mops«, erklärt Miss Omar. »Und weil er fast noch ein Welpe ist, wird er immer ganz aufgeregt, wenn neue Leute zu uns kommen.«

Fox, der Mops, läuft auf mich zu, und seine Krallen kratzen über das hölzerne Deck. Ich strecke meine Hand aus, um ihm noch einmal über das kurze Fell zu streichen, und muss kichern, als sich auf seinem Rücken Speckrollen bilden wie bei einem dicken Baby. Außerdem ist seine Nase etwas zu kurz geraten.

Sofort geht Kwame wieder einen Schritt zurück, auch wenn ich nicht verstehe, warum.

Miss Omar lächelt noch immer. »Wie geht es dir sonst so, Nora? Hast du schon in das Tagebuch geschrieben, das ich dir gegeben habe? Wenn du deine Gedanken mit mir teilen magst, würde ich es gerne einmal lesen.«

Ich höre auf, Fox zu streicheln, und schaue auf meine Füße. Dabei spüre ich, wie mir die Röte ins Gesicht steigt. Der Gedanke, dass jemand meine schrecklichen Worte lesen könnte, ist für mich unerträglich. Vor allem die grässliche letzte Zeile, die

Joel beinahe in die Welt hinausgeschrien hätte. »Wir haben heute nicht so viel Zeit, weil ...«

»Wir sind auf einem Abenteuer!«, unterbricht Kwame von hinten. »So wie Sie mit Ihrem Boot.«

Miss Omar nickt strahlend. »Dann lasst euch von mir nicht aufhalten. Aber fahrt besser nicht zu weit weg – ein Sturm zieht auf.«

Wir alle drei schauen in den Himmel, doch außer ein paar vorbeirasenden Schäfchenwolken ist nichts zu erkennen.

»Es hat mich gefreut, dich zu sehen, Nora. Und dich auch, Kwame. Wenn ihr noch mal am Boot vorbeikommt, sagt einfach Hallo.«

»Machen wir!«, rufe ich Miss Omar zu, bevor sie und Fox wieder in der Kajüte verschwinden.

Als ich mich zu Kwame umdrehe, stelle ich fest, dass er gerade einen Sturm in sein Heft zeichnet. Ich werfe noch einen Blick auf den strahlend blauen Himmel.

»Glaubst du, wir sollten umkehren?«, frage ich ein bisschen nervös.

Da gibt der Otter ein schrilles Kläffen von sich, das klingt wie ein Geräusch von einem anderen Planeten. Anschließend schlüpft er aus dem Wasser und huscht zu unserem Rad, so als wollte er uns auffordern, weiterzufahren.

Kwame klappt sein Heft zu und hebt das Rad aus

dem Brennnesselbusch. »Mein Opa findet, es gibt kein schlechtes Wetter, sondern nur schlechte Kleidung. Aber wir haben unsere Jacken an, stimmt's?«

Er zieht seine tarnfarbene Kapuze über den Kopf und grinst – bis er merkt, dass ich in Richtung meines Zuhauses schaue.

»Aber es ist auch okay, wenn du zurückwillst, Nora.«

Ich beiße mir auf die Lippe. Ein Teil von mir möchte am liebsten nach Hause, wo ich in Sicherheit bin. Doch ein anderer Teil drängt mich, weiterzufahren – und dieser Teil sieht ein bisschen aus wie ein Geisterotter, der mit seinen Zähnen an meinen Socken zupft.

»Nein«, sage ich. »Ich will nicht zurück. Wir ziehen weiter in unser Otter-Abenteuer.«

Mit einem breiten Grinsen setzt Kwame seinen Helm auf und schwingt sich in den Sattel. Und dann radeln wir zusammen dem Otter hinterher.

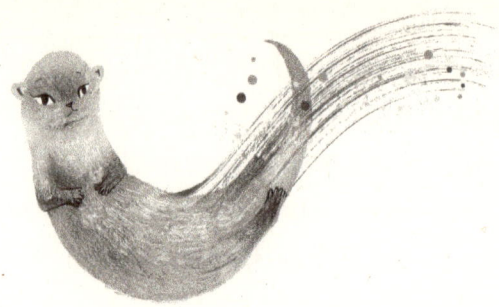

23

Nachdem wir eine gefühlte Ewigkeit am Kanal entlanggerast und dabei Joggern und Leuten mit Kinderwagen ausgewichen sind, springt der Otter endlich aus dem Wasser. Dann klettert er einen steilen Hügel hinauf, der zu einer Brücke führt. Kwame und ich steigen ab und schieben das Rad zwischen uns her, während wir uns umschauen.

Wir sind auf einer kleinen Straße hinter einem großen Backsteingebäude, und der Otter wuselt zu einem Fahrradständer hinüber, an dem lauter Räder angekettet sind.

»Ich glaube, der Otter will, dass wir das Rad loswerden«, lache ich.

Kwame grinst abenteuerlustig, während wir vorsichtig die Straße überqueren. »Glaubst du eigentlich, Tiere werden klüger, wenn sie gestorben sind?«, fragt Kwame auf einmal, während er sein Rad mitsamt unseren Helmen am Fahrradständer anschließt.

Ich runzle die Stirn, denn obwohl die Tiere, die ich

sehe, Geister sind, habe ich noch nie darüber nachgedacht, dass sie tot sind. Mein Herz beginnt ein bisschen schneller zu schlagen.

Als Nächstes nehmen Kwame und ich einen Schluck aus der Wasserflasche, die er zusammen mit den Sandwiches eingepackt hat.

»Weißt du eigentlich, wo wir hier sind?«, erkundige ich mich, ohne seine Frage zu beantworten.

Kwame kneift die Augen zusammen. »Ich glaube schon. Wir müssen da lang.«

Diesmal lässt der Otter uns vorgehen, während Kwame eine belebte Straße ansteuert. Die Leute dort gucken fast alle auf ihre Smartphones, aber irgendwie schaffen sie es trotzdem, nicht zusammenzustoßen. Ich lasse meinen Blick über die Läden und Restaurants gleiten und erspähe in der Ferne das Riesenrad, das hinter einem großen Kaufhaus emporragt.

»Sind wir schon in der Stadt?«, frage ich blinzelnd.

»Klar!«, ruft Kwame über den Straßenlärm hinweg. Auf seinem Gesicht liegt sein breites Grübchen-Lächeln.

Ich kann kaum glauben, dass wir den ganzen Weg mit dem Rad zurückgelegt haben. Mum und ich waren schon seit Ewigkeiten nicht mehr hier – ich glaube, das letzte Mal war es vor ihrer Diagnose. Jetzt, wo ich wieder hier bin, kann ich das gut verstehen. Denn überall sind viel zu viele Leute, blinkende Lichter und kreischende Züge. Sofort beschleunigt sich mein Atem, so als würde ich Mums schlimme Gefühle an ihrer Stelle empfinden.

Ich halte nach dem Otter Ausschau, der sich geschickt zwischen den Beinen der Passanten hindurchschlängelt, ohne dass jemand stehen bleibt oder verwirrt dreinschaut. Mir selbst fällt es jedoch nicht so leicht, der Menge auszuweichen, deshalb werde ich schon bald von einer Frau mit hochhackigen Schuhen angefaucht.

»Pass doch auf, wo du langläufst!«, beschwert sie sich, als wir zusammenstoßen. Sie würdigt mich keines Blicks.

»Entschuldigung!«, rufe ich der Frau hinterher, doch die ist längst davongestampft. Kwame folgt der Frau zu der hohen Eingangstür des Bahnhofs, und als wir die Empfangshalle betreten, hallt uns der Krach von Schuhen und Lautsprecherdurchsagen entgegen. In der Mitte des Raums hängt eine elektronische Anzeigetafel von der ausladenden Decke. Aus irgendeinem Grund kommt mir dieser Ort bekannt vor, doch alles wirkt viel riesiger und lauter als in meiner Erinnerung. Ich halte mich an Kwames Arm fest, während er in meinem Rucksack nach seiner Spardose kramt.

»Alles okay?«, frage ich ihn.

»Na logo! Ist es nicht total cool hier?«, antwortet

Kwame grinsend. »Ich liebe Züge! Glaubst du, wir sehen eine echte Dampflok oder nur moderne Lokomotiven? Vielleicht frage ich den Verkäufer, wenn ich unsere Fahrkarten kaufe.«

Kwame ist heute unglaublich mutig, und ich gebe mir Mühe, es auch zu sein. Doch ich spüre, wie mein Lächeln immer wieder verblasst. Als Nächstes führt Kwame mich zu einer Warteschlange hinter einem schwarzen Absperrband. Nervös schaue ich mich nach den regenbogenfarbenen Umrissen des Otters um.

»Ich sehe ihn nicht«, sage ich und umklammere Kwames Arm fest.

Kwame hört auf, Münzen zu zählen, und sucht mit mir zusammen die Umgebung ab. Und das, obwohl er den Otter sowieso nicht sehen könnte. Der Lärm in der Halle ist ohrenbetäubend, und ich spüre, wie die Leute uns anstarren. Vermutlich fragen sie sich, wo unsere Eltern sind. Gerade will ich Kwame vorschlagen, doch wieder nach Hause zu fahren – da erspähe ich plötzlich einen regenbogenfarbenen Schwanz, der die Treppe zum Bahnsteig hinaufgleitet.

Ich lasse Kwames Arm los und ducke mich unter dem schwarzen Absperrband hindurch. Dann dränge ich mich an einer Person mit hellroten Haaren und einem Koffer vorbei und renne in Richtung Bahnsteig. Doch bevor ich die Treppe hinaufsprinte, fällt mir ein, dass ich ja gar keine Fahrkarte habe.

»Hast du überhaupt ein Ticket, junge Dame?«, faucht die Person mit dem Koffer mich prompt an.

Ich trete einen Schritt zurück, während ich weiter nach dem Otter Ausschau halte.

Auf einmal fühle ich mich klein und verloren und unendlich weit weg von meiner Mum. Da spüre ich Kwames Hand auf meiner Schulter.

»Hier, du hast was vergessen.« Er reicht mir einen orangefarbenen Papierstreifen.

»Leider gibt es keine Dampfloks mehr«, erzählt Kwame mir. »Deshalb habe ich uns einfach Tickets zum nächsten Bahnhof gekauft. Was meinst du – probieren wir's aus?«

Ich kann keinen Ton sagen, deshalb greife ich bloß nach Kwames Hand und folge ihm die Treppe hinauf. Als wir den Bahnsteig betreten, kommt es mir vor, als wäre ich hier schon einmal gewesen.

»Welchen Zug sollen wir nehmen?«, fragt Kwame, als ob ich mich auskennen würde.

Aber bevor ich etwas erwidern kann, fährt ein Zug auf dem gegenüberliegenden Gleis ein, und die Leute um uns herum drängen darauf zu. Zischend strömen Abgase aus den seitlichen Ventilen des Ungetüms.

Überall eilen Menschen an uns vorbei, um nach

den richtigen Wagennummern zu suchen, und plötzlich ertönt der schrille Pfiff des Schaffners.

»Einsteigen bitte! Wir fahren ab!«, ruft er und schwenkt eine leuchtende Kelle.

Unsicher schaut Kwame mich an. »Meinst du, das ist der richtige Zug?«

Schon pfeift der Schaffner ein weiteres Mal, und die letzten Passagiere eilen zu den Waggons. Ich kaue auf der Innenseite meiner Wange herum, während ich an Mum denke.

Da wird auf dem elektronischen Anzeigefeld an der Seite des Zugs ein neuer Ortsname eingeblendet: South Otley. Und in dem Moment sehe ich einen regenbogenfarbenen Schimmer hinter einem der Fenster im ersten Waggon aufblitzen. Der Otter!

Er presst seine samtigen Pfoten gegen das Glas und scheint zu kläffen, so als wollte er sagen: *Los, beeilt euch!*

»Da! Da ist er!«, rufe ich.

Plötzlich ertönt ein Piepsen, und die Türen des Zugs beginnen sich zu schließen. Ich renne los und ziehe Kwame mit mir die Stufen hinauf, sodass wir es in letzter Sekunde an Bord schaffen.

Mein Puls dröhnt in meinen Ohren, und ein kleines Mädchen im Kinderwagen guckt uns neugierig an. Keuchend knien Kwame und ich auf allen vieren, während mein Herz wie verrückt rast. Dann fängt der Zug an zu vibrieren, bevor er sich mit Getöse in Bewegung setzt.

Kwame hilft mir auf die Beine und schaut sich anschließend den Waggon und sein Ticket an. »Weißt du, wo South Otley liegt?«, fragt er mich.

Ich überlege einen Moment, denn aus irgendeinem Grund kommt mir der Name bekannt vor. Doch ich weiß nicht mehr, warum, also schüttle ich den Kopf.

Kwame tippt der Frau auf den Arm, die den Kinderwagen mit dem kleinen Mädchen festhält. »Entschuldigung? Können Sie uns sagen, wo der Zug hinfährt?«

Die Frau blickt einen Augenblick verwirrt drein, doch auf einmal klatscht das kleine Mädchen in die Hände.

»Wir fahren zum Meer!«

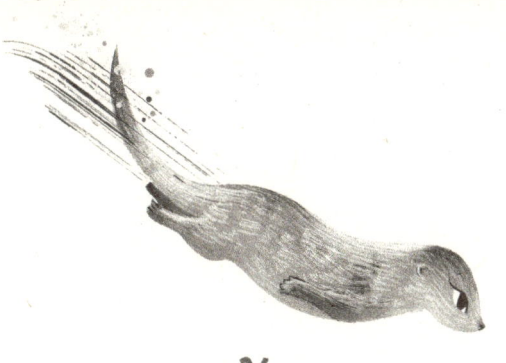

24

Mir wird so schwindelig, als säßen wir in einem winzigen Boot auf hoher See. Alles um mich herum wackelt, und mein Kopf dreht sich wie ein Karussell. Kwame merkt, was mit mir los ist, und versucht mich festzuhalten. Doch ich schüttle seine Hand ab und klopfe mir den Schmutz von den Kleidern.

»Wir können nicht ans Meer«, zische ich ihm zu. »Das ist viel zu weit weg.«

Kwame beißt sich auf die Lippe. Zum ersten Mal seit heute Morgen sieht er nervös aus. »Na ja, jetzt können wir aber nicht mehr aussteigen«, gibt er zu bedenken. »Warum suchen wir nicht einfach nach dem Otter und schmieden einen Plan?«

Der ganze Waggon ist voller Familien mit gepackten Strandtaschen. Kinder sitzen auf dem Schoß ihrer Eltern und zeigen auf den immer kleiner werdenden Bahnhof hinter uns. Niemand scheint Kwame und mich zu beachten, während wir den Gang zwischen den Sitzreihen entlanggehen. Dabei werden wir immer wieder hin und her geschleudert, und als wir ungefähr die Mitte des Abteils erreicht haben, gibt es einen besonders kräftigen Ruck. Ich stolpere einem Mann in die Arme, der empört mit der Zunge schnalzt.

»Tut mir leid«, entschuldige ich mich. »War keine Absicht.«

Der Mann weicht meinem Blick aus, aber ich wünschte, er würde mich angucken. Denn dann würden Kwame und ich endlich erwischt und nach Hause geschickt werden, bevor Mum merkt, dass wir weg waren. Ich taumle auf die Verbindungstür zwischen dem ersten und dem zweiten Waggon zu und drücke auf den runden Knopf, um sie zu öffnen.

Auf der Plattform zwischen den Abteilen ist es wahnsinnig laut. Die Zugräder rattern über die Gleise, und neben uns zieht die Stadt in Windeseile vorbei.

Kwame greift über meine Schulter und drückt auf den Türknopf des zweiten Waggons, und wir eilen hindurch. Kaum schließt sich die Tür hinter uns, lässt der Lärm nach.

Das zweite Abteil ist nicht so voll wie das erste, sondern hier sitzen nur ein paar Leute. Fast alle haben Kopfhörer auf oder tippen auf ihren Laptops herum. Sofort halte ich nach dem regenbogenfar-

benen Schim-
mer des Otters
Ausschau, und
dann – im beinahe
leeren hinteren Teil des
Waggons – sehe ich ihn. Er liegt
zusammengerollt auf einem Sitz und hat
die Vorderpfoten auf seinen Schwanz gelegt.

»Da ist er!« Ich spüre, wie sich Erleichterung
in mir breitmacht.

Am liebsten würde ich mich direkt neben den
Otter fallen lassen. Denn ihn hier zu sehen fühlt
sich an, als hätte ich mich selbst gefunden. Außerdem ist es schön, ihn so ruhig zu erleben, wo er
bis vor Kurzem noch so aufgeregt war. Ich spüre,
wie auch ich ein bisschen zur Ruhe komme.

Kwame und ich gehen zum Otter hinüber
und setzen uns so hin, dass Kwame aus
dem Fenster und ich auf den Otter
schauen kann.

»Ich habe übrigens
noch nie einen echten
Otter gesehen, und
du?«, fragt Kwa-
me mich. »Vor
heute, meine
ich«, fügt er

schnell hinzu. Dann holt er sein Heft aus der Jackentasche und schlägt die verwackelte Zeichnung des Otters auf. »Ich wusste gar nicht mehr, wie sie aussehen.«

»Ich glaube, ich habe schon mal einen echten Otter gesehen«, sage ich. »Allerdings weiß ich nicht mehr, wo.«

Die Tasthaare des Otters zucken, als er sich streckt und seinen spitz zulaufenden Schwanz weiter unter sein Kinn schiebt.

»Was macht der Otter gerade?«, will Kwame wissen.

»Er schläft«, flüstere ich. »Er ist wohl müde.«

Auch in mir breitet sich eine tiefe Müdigkeit aus – zumindest bis der Zug so laut hupt, dass Kwame und ich in die Höhe fahren. Vor dem Fenster zieht eine steile Böschung vorbei, die von einem Holzzaun mit einer Treppe begrenzt wird.

Ich erkenne die Stelle wieder, und auch auf Kwames Gesicht breitet sich ein Lächeln aus. »Wir fahren auf jeden Fall in die richtige Richtung«, stellt er fest.

Wieder beiße ich mir auf die Lippe, doch Kwame atmet entspannt ein und nimmt die Sandwiches heraus, die er für uns eingepackt hat.

»Bestimmt ist es jetzt nicht mehr weit«, sagt er. »Opa ist früher immer mit seinem Wohnwagen zum Meer gefahren. Manchmal nur für eine Nacht, weil er sich die Schiffe am Horizont anschauen wollte. Wir können ja gleich einfach gucken, wo der Otter uns hinführt. Dann erleben wir ein spitzenmäßiges Abenteuer und sind zum Abendessen wieder zu Hause.«

In Kwames Stimme liegt ein Hauch von Unsicherheit, so als würde er nicht nur mich überzeugen wollen, sondern auch sich selbst. Ich dagegen kann nicht aufhören, an Mum zu denken und daran, wie besorgt sie am Tag meines Fahrradunfalls war. Allerdings denkt sie heute, ich würde den ganzen Tag bei Kwame verbringen, richtig? Und außerdem hat Bill gesagt, sie braucht ihre Ruhe.

Kwame beißt von seinem Sandwich ab, und als er weiterredet, spuckt er Krümel auf mich. »Warst du schon mal am Meer, Nora?«

Ich überlege einen Moment, dann nicke ich. »Ich glaube schon. Mit meiner Mum und … meinem Dad.«

Kwame schaut mich erwartungsvoll an, also seufze ich und erzähle ihm die ganze Geschichte.

»Ich erinnere mich nicht mehr so genau, weil ich damals noch sehr klein war. Außerdem habe ich meinen Dad seit der Scheidung nicht mehr gesehen. Aber ich weiß noch, dass er immer einen goldenen Ring mit einem *D* darauf getragen hat, das für Derek stand. So heißt mein Dad nämlich. Und ich glaube, ich war mit ihm und Mum auf einem Boot, das ganz schrecklich geschaukelt hat.«

Unsanft ruckelt der Zug von einer Seite zur anderen, und schon fühle ich mich wieder wie auf dem Meer. Ich kann beinahe Möwen kreischen hören, Fischbrötchen riechen und Sand zwischen meinen Zehen spüren.

»Das Boot hatte einen Motor, und die Wellen haben laut gegen den Bug geklatscht. Außerdem hat der Wind mir die Haare ins Gesicht geweht, und sie haben ganz salzig geschmeckt. Zuerst war der Tag richtig schön, aber später gab es eine Menge Geschrei.«

Kwame nickt. »So wie bei Joels Eltern?«

Ich zucke mit den Schultern. »So ähnlich. Mum fand nämlich, dass Dad zu schnell fährt, aber Dad hat sie nur ausgelacht. Er hat sogar extra noch mehr Gas gegeben, bis Mum und ich uns vor lauter Schaukeln kaum noch halten konnten. Das war zwar aufregend, aber ich habe mich am Bootsrand gestoßen und mir wehgetan. Dad ist nämlich ein wilder Abenteurer, weißt du? Er wollte wohl, dass Mum und ich bei seinem Abenteuer mitmachen, aber Mum fand das Ganze zu gefährlich. Deshalb ist sie irgendwann aufgestanden und hat den Motor ausgeschaltet. Doch dabei wurde sie von einer Welle erwischt, die so riesig war wie ein Wal. Zuerst ist sie auf den

Boden des Boots gefallen, und dann wurde sie über Bord gespült.«

»O nein!«, ruft Kwame entsetzt.

»Ich weiß noch, dass ich geschrien habe, aber Dad hat wieder nur gelacht. Mum fand die Sache allerdings nicht lustig. Sie war sehr still, nachdem Dad sie wieder an Bord gezogen hat. Ich glaube, sie hat erst wieder angefangen zu sprechen, als sie sich abends auf mein Bett gesetzt und mir erzählt hat, dass Dad ausgezogen ist.«

Kwame versucht, meine Hand zu nehmen, doch ich tue so, als hätte ich nichts gemerkt, und ziehe sie weg.

»Im Grunde war das aber gar nicht schlimm«, fahre ich fort. »Denn Dad hat jetzt seinen Traumjob gefunden und rettet Tiger in Indien. Und bei Mum und mir ist sowieso alles gut, und …«

Ich stocke, denn das Wort »gut« fühlt sich auf einmal nicht mehr richtig an. Nicht nach allem, was die Geistertiere mir gezeigt haben. Außerdem bin ich mir sicher, dass an dem Tag am Meer noch mehr passiert ist. Aber meine Erinnerungen sind einfach zu verschwommen.

Kwame beginnt mir von den Strandausflügen mit seiner Familie zu erzählen, wahrscheinlich möchte er mich ablenken, doch ich höre nicht richtig zu. Stattdessen betrachte ich den schlafenden Otter, und nach einer Weile fallen mir selbst die Augen zu. Ich muss eingedöst sein, denn plötzlich werde ich von einer lauten Stimme geweckt.

»Guten Tag, die Fahrkarten, bitte!«

Kwame greift nach meinem Arm, die Augen weit aufgerissen. Ich drehe mich um und sehe eine Schaffnerin auf uns zukommen. Ihre Haare sind zu einem ordentlichen Dutt frisiert, und auf ihrer Uniform sind die gleichen Muster aufgedruckt wie auf den Sitzen des Zugs.

»Wir haben, glaube ich, nicht die richtigen Fahrkarten!«, zischt Kwame mir zu. »Wir werden erwischt.«

Mein Magen dreht sich um, und ich werfe einen Blick auf den Otter, der nun aufgeregt auf dem Boden herumwuselt. Sein nasses Fell steht ihm zu Berge.

»Komm mit«, flüstere ich und ziehe Kwame hinter mir her.

Der Otter folgt uns, während wir die Tür am hinteren Ende des Waggons ansteuern. Schnell drücke ich auf den Knopf, und sofort wird es wieder laut.

»Was sollen wir jetzt machen?«, schreit Kwame über das Rattern der Räder hinweg. »Wir können nicht vor der Schaffnerin weglaufen – irgendwann findet sie uns!«

Der Otter wirkt angespannt und verängstigt, und ich habe den Eindruck, er schaut sich nach einem Versteck für sich selbst und zwei Menschenkinder um. Ich verstehe nur zu gut, wie er sich fühlt, denn auch mir schlägt das Herz bis zum Hals.

Eilig hasten wir in den nächsten Wagen, und als wir eine Weile unschlüssig herumstehen, ertönt plötzlich ein Klicken neben uns. Und im nächsten Moment geht eine Tür auf. Die Frau, die herauskommt, sieht fast genauso überrascht aus wie wir.

»Oh, entschuldige, Liebes, hast du schon lange gewartet?«, fragt sie mich. Ihre Brille rutscht ihr von der Nase, und an ihrem Handgelenk baumelt eine Handtasche.

Die Frau hält mir die Tür auf und wirft Kwame, der neben mir steht, einen irritierten Blick zu. In dem Moment schlägt mir ein unangenehmer Geruch aus dem winzigen Raum entgegen. Außerdem sehe ich, dass der ganze Boden mit Toilettenpapier bedeckt ist.

»Guten Tag, die Fahrkarten, bitte!«, dröhnt die Stimme der Schaffnerin aus dem Abteil hinter uns.

»Danke!«, sage ich zu der fremden Frau, dann ducke ich mich unter ihrer Handtasche hindurch und ziehe Kwame mit mir in die Toilette. Auch der Otter huscht herein. Wir schließen die Tür genau in dem Moment ab, als die Schaffnerin die fremde Frau nach ihrem Ticket fragt.

Mir entfährt ein Erleichterungsseufzer, aber Kwame fängt an zu würgen.

»Das stinkt ja grauenhaft!«

Ich lege meinen Zeigefinger an die Lippen, obwohl ich zugeben muss, dass Kwame recht hat. Der Otter hat sich in die einzige Ecke verkrochen, die weder von Toilettenpapier noch – so hoffe ich – Wasser bedeckt ist, und wirft mir einen entsetzten Blick zu. Ich verdrehe die Augen. »Selbst schuld. Du musstest ja nicht mit reinkommen«, zische ich ihm zu. »Die Schaffnerin könnte dich sowieso nicht sehen.«

Kwame prustet los, und trotz meiner Anspannung muss ich mitlachen. Schnell halte ich mir die Hand vor den Mund.

»Wir müssen leise sein«, flüstere ich. »Sonst werden wir noch erwischt.«

Eine Zeit lang lauschen wir nach Geräuschen der Schaffnerin, doch um uns herum ist es zu laut. Ich kann zwar Stimmen hören, aber ich verstehe die Worte nicht. Kwame wäscht sich die Hände, während ich unsere grünlich angelaufenen Gesichter in dem zersprungenen Spiegel betrachte.

»Glaubst du, wir müssen die ganze Fahrt hier drin verbringen?«, fragt Kwame und trocknet sich die Hände ab.

Sofort gibt der Otter ein hohes, wütendes Kläffen von sich. Anscheinend gefällt ihm das Eingesperrtsein in der Toilette genauso wenig wie uns. Doch zum Glück wird der Zug allmählich langsamer, und kurz darauf ertönt eine Lautsprecherdurchsage:

»*Verehrte Fahrgäste – wir erreichen in Kürze South Otley. Bitte denken Sie beim Aussteigen an Ihre persönlichen Wertgegenstände. Wir wünschen Ihnen einen angenehmen Aufenthalt und einen schönen Tag.*«

Mit leuchtenden Augen krallt Kwame sich an mir fest. »Wir haben's geschafft! Wir sind am Meer!«

Als der Zug zum Stehen kommt, öffne ich die Toilettentür einen Spaltbreit, um sicherzugehen, dass die Schaffnerin weg ist. Dann rennen wir hinaus und springen die Stufen zum Bahnsteig hinunter. Jubelnd und jauchzend sprinten wir los, bevor wir uns der Menschentraube anschließen, die die Treppe zum Ausgang hinunterströmt.

Mir fällt auf, dass das Wetter umgeschlagen ist, denn der Himmel ist nicht mehr blau, sondern grau mit einem violetten Schimmer. Kalter Wind fegt um uns herum, und eine merkwürdige Spannung liegt in der Luft – so wie wenn man auf einem Sprungbrett steht und kurz davor ist, ins Schwimmbecken zu tauchen.

Kwame wirft einen nervösen Blick nach oben. »Vielleicht hatte Miss Omar recht, und es gibt einen Sturm.«

Bevor ich etwas erwidern kann, erreichen wir den Fuß der Treppe – und plötzlich stockt mir der Atem. Zwei Polizistinnen gehen in der Empfangshalle des Bahnhofs Streife!

»O nein«, murmelt Kwame. »Wenn sie uns erwischen, sind wir geliefert.«

Den Otter scheint das alles nicht zu kümmern, denn er huscht weiter und schlängelt sich geschickt zwischen Koffern und Beinen hindurch.

»Los, komm mit!« Ich ziehe Kwame zu einer Gruppe von Leuten hinüber, die alle die gleichen dunkelroten T-Shirts tragen. Sie singen und tanzen ausgelassen und stoßen sich dabei immer wieder gegenseitig mit den Ellbogen an. Kwame und ich verlieren uns für einen Moment aus den Augen, doch wir schaffen es im Schutz der Menge nach draußen.

Vor dem Bahnhof schaue ich mich suchend um – und auf einmal steht ein grinsender Kwame vor mir. Er sieht größer aus und hat die Schultern gestrafft. »Juhu, wir haben's geschafft!«

Ich verpasse ihm einen kleinen Knuff, bevor ich in der Entfernung den Otter erspähe. Er rennt eine Treppe hinunter, die mir merkwürdig bekannt vorkommt.

»Wir müssen da lang!«

Schon hasten Kwame und ich über den Vorplatz und eilen ebenfalls die Treppe hinunter, die uns an Häusern und kleinen Geschäften vorbeiführt. Vor manchen der Läden sind Gerüste mit Fischernetzen aufgebaut, die im Wind schwanken. Der Otter huscht im Zickzack über die Stufen, so als würde er einen kleinen Tanz aufführen. Mir selbst ist ebenfalls nach Tanzen zumute, denn wir sind am Meer, und alles fühlt sich an, als würde ich nach Hause kommen.

Am Fuß der Treppe überqueren wir eine Ampel, die über eine viel befahrene Straße führt. Dann quetschen wir uns durch einen hohen Maschendrahtzaun, der zu einer kleinen Werft direkt am Meer gehört. Boote unterschiedlichster Art sind auf gigantischen Stelzen aufgebockt, damit sie in allen Geisterfarben lackiert werden können.

Elegant windet sich der Otter zwischen den Hindernissen hindurch, und Kwame und ich ducken uns unter die Schiffskörper großer Jachten und Segelboote. Irgendwann verlassen wir den asphaltierten Teil des Wegs und treten auf die Uferklippen. Neben uns liegt der Hafen, und vor uns erstreckt sich das trübe Meer, aus dem sich in einiger Entfernung eine kleine Insel erhebt. Wütende Wellen klatschen gegen die Felsen.

Die Luft riecht nach Salz und Fisch, und alles fühlt sich unglaublich vertraut an. Der Otter schaut ein letztes Mal zu mir hoch, bevor er sich ins Wasser gleiten lässt und beim Davonschwimmen ein regenbogenfarbenes Band hinter sich herzieht.

»O nein, er schwimmt weg!«, rufe ich und renne zur Felskante, wo das Wasser sprudelnd und schmatzend gegen die dicken Seile des Hafens schlägt. Wir schauen hinunter, und Kwame deutet auf ein paar schillernde Schwärme kleiner Fische an einer flacheren Stelle.

Ich betrachte das aufgewühlte Meer, das rauscht wie in einem Kessel. Der Wind ist hier noch stärker, und auch die Wolken sind merklich dunkler geworden. Die kleine Insel liegt vor uns wie ein lauernder Schatten. Irgendetwas blitzt in meiner Erinnerung auf, während ich auf die Felsküste der Insel zeige, wo die Brandung weiß sprudelnd schäumt.

»Ich glaube, der Otter will, dass wir ihm zu der Insel folgen.«

Skeptisch schaut Kwame zwischen dem Meer und dem immer düsterer werdenden Himmel hin und her. »Bist du sicher?«

Ich nicke, und Kwame saugt geräuschvoll die Luft ein. Doch dann strafft er die Schultern. »Also gut, Nora Frost.«

Er rennt zu einem hölzernen Steg hinüber, dessen Planken sogar von Weitem verrottet aussehen. Dort zeigt er ins Wasser. »Guck mal!«

Ein kleines Boot mit Außenbordmotor hüpft in den Wellen auf und ab. Es erinnert mich an das Boot, mit dem ich mit Mum und Dad gefahren bin, und hat die gleiche rote Farbe wie meine Haustür. Außerdem steht der Bootsname an der Seite.

»*Abenteurerin*«, liest Kwame vor. »Hey, so heißt auch Miss Omars Boot!«

Das Ganze fühlt sich an wie ein Zeichen, doch ich zögere trotzdem, als Kwame in das wackelnde Boot springt.

»Ist das nicht Diebstahl?«, frage ich.

Kwame schiebt ein paar aufgerollte Seile von den Sitzen. »Quatsch, wir bringen es doch wieder zurück!«

Es fühlt sich komisch an, Kwame so mutig zu sehen, während ich selbst so unsicher bin. Ich bemerke, dass die Wolken immer dunkler werden. Das erste Rumpeln eines Donners ertönt.

»Warum hast du mich hierhergebracht?«, frage ich den Otter, obwohl er längst außer Hörweite ist.

Kwames Augenbrauen schießen nach oben. »Ich? Du warst doch diejenige, die …«

»Das stimmt doch gar nicht!«, fauche ich ihn an, während eine kräftige Windböe aufheult.

Kwame klettert aus dem Boot und schlittert über den glitschigen Steg, bis er wieder festen Boden unter den Füßen hat.

»Du hast doch gesagt, du müsstest in einen Zug steigen, damit …«

»Nein!«, unterbreche ich ihn mit geballten Fäusten. »Der Geisterrabe hat mir die Schienen gezeigt. Und der Otter hat uns zum Bahnhof geführt.«

Ein Regentropfen fällt vom Himmel und landet auf Kwames Stirn. Schnell wischt er ihn weg. »Nora, du erinnerst mich manchmal echt an meinen Opa«, seufzt er.

Ich trete einen Schritt zurück. »Wie meinst du das?«

»Mein Opa ist auch zu stur, um Hilfe zu erbitten. Aber das spielt keine Rolle, Nora. Immerhin haben wir es bis hierher geschafft, und ich war mutiger als je zuvor in meinem Leben. Und das nur deinetwegen. Jetzt müssen wir noch ein allerletztes Mal mutig sein.«

Er springt in das Boot und hält mir seine Hand hin. »Komm schon – sei für dich selbst mutig.«

Ich zögere, denn Kwames Worte hallen in mir nach wie ein Echo. Am liebsten würde ich ihn anschreien, dass ich überhaupt nicht wie sein Opa bin; und dass ich keine Hilfe brauche. Doch dann grummelt der Himmel in der Ferne, und ich erspähe das geisterhafte Gesicht des Otters in den immer höher werdenden Wellen.

In dem Moment wird mir klar, dass Kwame recht hat. Wir sind bis hierher gekommen, und jetzt muss ich mutig genug sein, der Wahrheit ins Auge zu sehen.

Ich atme tief ein und steige in das Boot, ohne Kwames Hand zu nehmen. Dann setze ich mich auf einen der vorderen Sitze.

»Weißt du überhaupt, wie man ein Boot ...?«, beginne ich zu fragen, doch meine Worte werden vom Aufheulen des Motors verschluckt, als Kwame an einer langen Kordel zieht.

»Bist du bereit?«, ruft er mir über den Krach hinweg zu.

Ich schaue nach vorne zum Horizont. Nein, bin ich nicht. Doch dann richte ich meinen Blick nach unten und erspähe den regenbogenfarbenen Schimmer des Otters unter den Wellen. Und er schwimmt genau auf die Insel zu.

Da wird mir klar, dass die Insel eine besondere Bedeutung haben muss. Auch wenn ich noch nicht verstehe, warum. Und obwohl ich mich gerade weder tapfer noch mutig fühle, weiß ich, dass Kwame bei mir ist. Und mit einem Freund wie ihm an meiner Seite kann ich vielleicht endlich stark genug sein, um Mum stolz zu machen.

»Los geht's!«, schreie ich über den Motorenlärm hinweg, und schon wirft Kwame das Seil über Bord, das uns mit dem Festland verbindet.

25

Innerhalb der Hafenmauern sind die Wellen noch so niedrig, dass das Boot es mühelos hindurchschafft. Doch als wir aufs offene Meer hinausfahren, werden sie größer und größer, bis es mir vorkommt, als säßen wir auf dem Rücken eines riesigen Seemonsters.

Ich kralle mich so stark am Bootsrand fest, dass meine Hände blau anlaufen, und die Kälte sticht wie Nadeln durch meine Kleider. Zähneklappernd drehe ich mich zu Kwame um, der genauso verfroren und unsicher aussieht, wie ich mich fühle.

»Vielleicht sollten wir besser umkehren?«, rufe ich über das Heulen des Motors und das Rauschen des Wassers hinweg.

Doch Kwames Hände liegen noch immer entschlossen am Steuer. »Es ist nicht mehr weit! Wir müssen durchhalten, Nora!«

Das ist leichter gesagt als getan, denn über uns zucken Blitze wie Lichter in einer Geisterbahn. Das düstere Donnergrollen klingt wie das Knurren einer wütenden Meereshexe. Gischt spritzt in das kleine Boot, während immer mehr Regen vom Himmel fällt. Die Tropfen bleiben auf meinen Brillengläsern liegen, sodass mein Gesichtsfeld fleckig wird. Blinzelnd versuche ich, über den schaukelnden Bootsrand hinweg nach dem Otter Ausschau zu halten, doch außer Wellen und Seegrasklumpen ist nichts zu erkennen.

Hinter uns wird der Hafen immer kleiner, auch die Häuser und Hotels im Hintergrund verschwinden langsam im Nebel. Ich spüre, wie wir die Sicherheit des Festlands endgültig hinter uns lassen, und sehe in Kwames Augen, dass auch er Angst hat.

Plötzlich wird der Himmel von einem Blitz entzweigerissen, unmittelbar gefolgt von einem gewaltigen Donner. Das kann nur bedeuten, das Gewitter ist jetzt direkt über uns.

»Wir müssen so schnell wie möglich an Land!«, schreie ich in den Wind.

Inzwischen befinden wir uns nah genug an der Insel, um die Wellen auf den Felsen aufschlagen zu sehen. Außerdem kann ich einen Steg erkennen, an dem ein Boot vertäut ist, das im Wasser buckelt und schwankt. Wie im Schleudergang einer Waschmaschine werden wir von den Wellen umhergeworfen, und der Motor schafft es kaum, dagegen anzukommen. Doch gerade, als ich mich frage, ob unter unseren Holzsitzen wohl Rettungswesten liegen, erspähe ich einen regenbogenfarbenen Schimmer vor uns im Meer.

Ich wische meine Brillengläser mit meinem Ärmel ab und blinzle gegen den Regen, als wir uns weiter nähern. Die schillernde Gestalt sieht aus wie ein Fels mit Augen, der uns beobachtet, aber bei genauerem Hinsehen rufe ich laut aus: »Da! Der Geisterotter!« Mein Herz macht einen Freudensprung.

Ich drehe mich zu Kwame um, der verfroren und verängstigt aussieht. Schnell klettere ich zu ihm hinüber und lege meine Hand auf seine. Dann drehen wir zusammen den Motor auf volle Leistung, bis unser kleines Boot heulend über eine riesige Welle braust.

Der Otter taucht unter und erscheint direkt neben unserem Boot, so als wollte er uns den Weg durch die Wellen zeigen. Immer wieder tauchen sein Kopf oder seine Schwanzspitze auf, bevor sie wieder unter Wasser verschwinden.

»Gleich haben wir's geschafft!«, versuche ich Kwame Mut zu machen, der seine Augen gegen den Starkregen zukneift.

Wir steuern das am Steg vertäute Boot an, doch plötzlich werden wir von einer riesigen Welle erfasst. Und dann werden wir mit aller Wucht gegen das fremde Boot geschleudert. Sofort zerspringt es in Stücke, während ich unsanft nach vorn geworfen werde. Hastig schaltet Kwame den Motor ab, sodass die einzigen Geräusche um uns herum nur noch das Rauschen des Meeres und das Prasseln des Regens sind. Ich kann nichts sehen, deshalb nehme ich meine Brille ab und taste blind nach einem Seil, um unser Boot festzumachen. Zum Glück bekomme ich eins zu fassen und gebe es Kwame. Kurz darauf klettern wir an Land auf den hölzernen Steg.

Ich schaue auf die verschwommene Küstenlinie des Festlands zurück und vermute, dass wir gut anderthalb Kilometer zurückgelegt haben. Die Lichter dort funkeln wie Sterne.

»Komm!«, rufe ich und helfe Kwame auf. »Wir müssen so schnell wie möglich ins Trockene!«

Wir rappeln uns hoch, und ich setze meine Brille wieder auf. Aber außer Regentropfen kann ich kaum etwas erkennen – bis neben unseren Füßen der regenbogenfarbene Schimmer des Otters aufblitzt, der uns aufgeregt umkreist. Offensichtlich haben wir das Ziel unserer Reise erreicht.

Ich wünschte, ich könnte mich freuen, doch mir ist bloß kalt, und ich habe Angst. Bald schon erklimmen Kwame und ich einen steil ansteigenden Pfad, der zu einem hohen Haus führt, das hinter Büschen und Bäumen versteckt liegt. Überall um das Haus herum befinden sich Tiergehege und Schuppen. Vor-

sichtig steigen wir die Treppe hinauf, die zu einer großen roten Vordertür führt.

Kurz kommt es mir vor, als würde ich die Tür wiedererkennen, aber vielleicht liegt das auch nur daran, dass sie genauso aussieht wie meine. Trotzdem halte ich einen Moment inne, bevor ich meine Hand zum Klopfen hebe.

»Mach schon, es ist eiskalt!«, drängt Kwame und blinzelt den Regen weg.

Doch mich überkommen plötzlich gewaltige Zweifel. »Was, wenn unser Ausflug ein Fehler war?«, frage ich leise.

Der Geisterotter schaut mich an, und ich weiß, dass er meine Angst spüren kann.

Ich wende mich Kwame zu und sehe tausend Fragen in seinen Augen aufblitzen – doch bevor ich ihm eine davon stellen kann, geht die Tür auf.

Eine alte Dame mit einer einbeinigen Möwe im Arm steht vor uns und wirkt sehr, sehr verärgert. »Was um alles in der Welt macht ihr hier?«, fragt sie unfreundlich.

Ein gewaltiges Donnerkrachen lässt Kwame und mich zusammenzucken.

Ich trete einen Schritt zurück, um mir die verschwommene Gestalt mit dem unordentlichen grauen Dutt und dem bunten Flickenkleid genauer anzuschauen. Aber bevor ich einen klaren Gedanken fassen kann, packt sie Kwame und mich am Ärmel und zieht uns ins Haus.

Augenblicklich lässt die Wärme meine Brille beschlagen, und ich bin völlig blind. Dafür kann ich das Wasser in meinen Schuhen spüren, und ein süßlich-scharfer Geruch steigt mir in die Nase. Kwame ist bereits dabei, sich hektisch bei der Dame zu entschuldigen, doch er zittert zu stark, um ihn zu verstehen. Die alte Frau seufzt laut.

»Also gut, ihr zwei – bleibt hier stehen, und zwar genau hier!« Sie zeigt auf die Fußmatte und funkelt uns finster an.

Wir gehorchen wortlos, während die Frau mit der Möwe im Haus verschwindet. Ich nehme meine Brille und wische sie ab. Durch das verschmierte Glas blinzle ich zu Kwame hinüber, dem ein Regentropfen von der Nase hängt.

»Alles okay?«, flüstere ich.

Kwame nickt bibbernd und versucht, seine Schuhe auszuziehen, ohne von der Fußmatte zu treten.

»Lasst die Schuhe an und kommt rein!«, ertönt die herrische Stimme der Frau.

Mir gefällt nicht, wie sie uns herumkommandiert, aber wir folgen ihr trotzdem in eine große Küche mit Holzbalken an der hohen Decke.

Doch irgendwie ist es keine richtige Küche. Denn

auf dem Kühlschrank in der Ecke sitzt eine Eule, die uns neugierig mit ihren kugelrunden Augen anstarrt. Auf der Anrichte an der Wand windet sich eine riesige Schlange, und im Hundebett auf dem Boden schläft etwas, das wie ein Eichhörnchen aussieht.

»Wie seid ihr eigentlich hierhergekommen?«, fragt die alte Dame forsch. »Und das auch noch bei Gewitter?« Sie setzt die einbeinige Möwe neben dem Toaster ab und füllt den Wasserkessel in einer Spüle, in der eine dicke Kröte hockt. »So was ist gefährlich!«, schimpft die Frau weiter. »Und unverschämt! Am liebsten würde ich euch direkt wieder vor die Tür setzen!«

Aber das tut sie nicht, sondern sie geht zu einem Schrank, holt zwei Handtücher heraus und wirft sie uns so schwungvoll zu, dass Kwame fast umgefallen wäre.

Der Wasserkessel beginnt zu pfeifen, und plötzlich stimmt die Eule auf dem Kühlschrank mit ein. Daraufhin erhebt ein Papagei seine Stimme, den ich beim Reinkommen nicht gesehen habe. Er sitzt auf der Küchentür und miaut wie eine Katze.

Kopfschüttelnd gießt die alte Dame Tee in zwei große Tassen, wobei sich silberne Strähnen aus ihrem unordentlichen Dutt lösen. Weil meine Brille nicht mehr beschlagen ist, kann ich erkennen, dass ihr Kleid aus den Flicken unzähliger anderer Klei-

dungsstücke besteht – sogar aus einer ganzen Baby-
strickjacke unter der linken Achsel.

»Tut mir leid, dass wir Sie stören«, murmle ich,
doch die Frau scheint gar nicht richtig zuzuhören.
Ich wringe meine Haare über dem Handtuch aus,
während Kwame mir einen ängstlichen Blick zuwirft.

»Glaubst du, das hier ist der richtige Ort?«, flüstert er und betrachtet die Tiere um uns herum.

Ich runzle die Stirn, denn ich bin selbst nicht sicher. Offensichtlich gibt es hier keine Geistertiere,
sondern nur quicklebendige Tiere. Na ja, mit Ausnahme der toten Küken im Kühlschrank, von denen
die Frau der Eule ein paar zuwirft, bevor sie einen
großen, lecker aussehenden Biskuitkuchen heraus-
holt.

»Was steht ihr hier so rum? Setzt euch!«, fordert
sie uns auf.

Kwame und ich schauen zum Küchentisch hinüber, der hauptsächlich aus einem riesigen Terrarium
mit einer gigantischen Spinne darin besteht. Zögernd
bleibt Kwame stehen, also ziehe ich ihn kurzerhand
hinter mir her.

Irgendwie schafft es die Frau, den Kuchen, den
Tee und die Möwe gleichzeitig zu balancieren, wobei sie den anderen Tieren im Raum freundlich zu-
gluckst. Dann stellt sie alles auf dem Tisch ab und

setzt sich hin, woraufhin die Möwe es sich auf ihrem Schoß bequem macht.

»Also«, beginnt die Frau, während sie den Kuchen mit einem langen Messer anschneidet, »jetzt verratet mir doch mal, was ihr auf meiner Insel macht.«

Ich werfe Kwame einen Hilfe suchenden Blick zu, doch der starrt immer noch mit weit aufgerissenen Augen auf die Spinne im Terrarium.

»Warum haben Sie eigentlich so viele Tiere?«, frage ich, anstatt zu antworten.

Die alte Dame schiebt zwei riesige Biskuitstücke mit Cremefüllung und Erdbeeren zu uns herüber. »Es sind Streuner, die kein Zuhause mehr hatten.« Sie füttert die Möwe mit Kuchenkrümeln, als wäre es das Selbstverständlichste der Welt. »Manche waren auch verletzt oder wurden als Haustiere gehalten, obwohl es keine Haustiere sind. Die alte Nell ist nämlich für *alle* Tiere da, die Hilfe brauchen.«

Wie zur Bestätigung gibt die Möwe ein Quäken von sich.

»Sogar für Möwen?«, hake ich nach und betrachte den spitzen Schnabel und die gelben Augen des Vogels.

Schnaubend beißt Nell von dem Kuchenstück ab, mit dem sie gerade die Möwe gefüttert hat. »Alle Tiere haben es verdient, dass man ihnen hilft. Vor allem die, die von den Menschen weniger gemocht werden. Aus welchem Grund auch immer.«

In dem Moment wacht das Eichhörnchen im Hundebett auf, huscht zu uns herüber und klettert an meinem Arm hoch. Seine winzigen Krallen bleiben in meinem nassen Haar hängen.

»Hat das Eichhörnchen einen Namen?«, frage ich und schaue zu Kwame hinüber, der völlig entsetzt aussieht. Vermutlich kommt es ihm etwas seltsam vor, in einer Küche mit so vielen Tieren zu sitzen. Ich dagegen fühle mich hier merkwürdig zu Hause.

Nell schnaubt ein weiteres Mal. »Wildtiere haben keine Namen.«

Allerdings kommt mir das Eichhörnchen nicht besonders wild vor. Zufrieden wühlt es in meinem Haar herum, bevor es meinen Arm hinunter zu Kwame huscht, der sofort vom Tisch aufspringt.

»Was hast du?«, frage ich, während Kwame sich kratzend im Kreis dreht.

»Nichts«, antwortet er, doch das glaube ich ihm nicht. Denn er sieht noch panischer aus als bei unserer Fahrt im Boot.

»Kein großer Tierfreund, hm?«, fragt Nell, bevor sie dem Eichhörnchen eine Erdbeere aus dem Kuchen hinhält.

Ich starre Kwame ungläubig an. »Du magst keine Tiere?! Aber ... was ist mit dem Hasen? Und dem Otter? Und den anderen Geistert–«

Beschämt tritt Kwame von einem Fuß auf den

anderen. »Die konnte ich ja nicht sehen«, flüstert er.

Ich werfe einen prüfenden Blick zu Nell hinüber, um zu sehen, ob sie Kwame gehört hat. Doch sie ist immer noch damit beschäftigt, das Eichhörnchen zu füttern.

Plötzlich fällt mir wieder ein, wie Kwame sich hinter mir versteckt hat, als wir Fox, dem Mops, begegnet sind.

»Aber du bist doch die ganze Zeit mit mir mitgekommen«, spreche ich weiter, während Kwame sich duckt, weil der miauende Papagei über seinen Kopf hinwegflattert. Er landet auf der anderen Seite der Küche.

»Na ja, zuerst dachte ich, das wäre nur ein Spiel«, murmelt Kwame. »Erst als du mir gesagt hast, was die Tiere dir zeigen, habe ich alles verstanden. Aber die Geistertiere gibt es nicht wirklich, oder, Nora? Sie waren nur deine Art, um Hilfe zu bitten?«

Ich spüre einen glühenden Ball von Wut in mir aufsteigen und wende mich mit geballten Fäusten ab.

Die ganze Zeit über habe ich gedacht, Kwame würde mir glauben. Doch das hat er nicht getan – genauso wenig wie alle anderen Menschen. Seine Worte verheddern und verschlingen sich in meiner Brust, und ich wünschte, er hätte sie nie gesagt.

Am liebsten würde ich ihn anschreien, er soll verschwinden – da schiebt Nell mit einem Zwinkern seinen Kuchenteller zu ihm hinüber. »Hinten links im Flur ist mein Studierzimmer«, sagt sie sanfter, als ich es von ihr erwartet hätte. »Da kannst du deinen Kuchen in Ruhe essen. Es gibt nur eine einzige Wildkatze dort, und die ist ausgestopft.«

Kwame sieht unschlüssig aus, doch als die Eule ein weiteres Kreischen von sich gibt, eilt er davon. Nell, die Tiere und ich bleiben allein zurück.

»Also gut«, sagt Nell und legt das Eichhörnchen wieder zurück ins Hundebett. »Verrätst du mir jetzt, warum ihr hierhergekommen seid?«

Ich stochere mit der Gabel in meinem Kuchenstück herum. Es ist eins dieser Victoria-Biskuitstücke mit viel Buttercreme, Erdbeeren und Erdbeermarmelade, wie ich sie früher immer mit Mum gebacken habe.

Nell mustert mich gründlich. »Ich weiß, dass du wütend auf deinen Freund bist. Aber jeder hat vor etwas Angst. Und manche Menschen eben vor Tieren, auch wenn ich das nicht nachvollziehen kann.« Sie streicht der Möwe über den Kopf, die entspannt die Augen schließt. »Und ich habe den Eindruck, dass du aus irgendeinem Grund Angst hast, mit mir zu reden.«

»Nein, das stimmt nicht«, widerspreche ich. Nell hebt eine Braue, und ich seufze. »Der Grund, warum ich hier bin, ist ziemlich kompliziert. Sie würden ihn nicht verstehen.«

»Ich könnte es doch zumindest versuchen«, sagt sie, während sie die Möwe auf einen Stapel Geschirrtücher setzt, der neben ihr auf der Bank liegt.

Nervös lecke ich mir über die Lippen, denn ich fühle mich genauso unbehaglich wie manchmal am Frühstückstisch, wenn Mum keinen Guten Morgen hat. So als würden böse Gedanken meinen Mund verschließen. Aber Kwames Worte haben mich verwirrt und wütend gemacht, und ich frage mich, ob es helfen könnte, darüber zu sprechen.

»Ich sehe in letzter Zeit … Tiere«, fange ich an zu erzählen. »Sie haben mich zu Hause und in der Schule besucht. Und dann sind wir ihnen hierher gefolgt.«

Nell verzieht keine Miene, und mir fallen ihre buschigen Brauen und ihre großen Augen auf. Außerdem wirkt sie sehr sauber für jemanden, der immer von Tieren umgeben ist.

»Was waren das für Tiere, die du gesehen hast?«, hakt Nell nach.

Ich klopfe meine nassen Schuhe unter dem Tisch gegeneinander. »Eine Füchsin. Eine Häsin. Ein Rabe … und ein Otter. Die Füchsin ist …«

Bevor ich meinen Satz zu Ende sprechen kann, werde ich von einem Poltern am Ende des Flurs unterbrochen. Sofort schwingt sich der miauende Papagei in die Luft, und blau-rote Flügel flattern um unsere Köpfe herum. Keine Sekunde später kommt Kwame hereingeplatzt.

»Nora! Das musst du dir angucken!«

Er winkt mich aus der Küche und führt mich in ein kleines, düsteres Studierzimmer, das mit alten Möbeln und eingerahmten Fotos vollgestopft ist.

»Guck mal«, sagt er und springt aufgeregt über einen mit Papier bedeckten Tisch. Dann zeigt er auf die Fotos an der Wand. »Da ist eine Füchsin. Und eine Häsin. Und ein …«

»Tiger«, beende ich Kwames Satz, während ich auf die gigantische ausgestopfte Raubkatze in der Ecke starre. Ihr Blick ist durchdringend, und ihre Zähne sind gefletscht.

Kwame runzelt die Stirn. »Du hast mir nicht erzählt, dass du einen Tiger gesehen hast.«

Aber das habe ich. Vor langer Zeit. Als Dad abgereist ist, haben sich die Streifen auf seinem Koffer in genau diesen Tiger verwandelt. Und es kommt mir vor, als würde ich ihn hier wiedersehen. Nur die regenbogenfarbenen Umrisse fehlen, und er ist merkwürdig in einem kleinen, staubigen Zimmer eingefroren.

Kwames Atem überschlägt sich fast, und mir wird klar, dass ich die ganze Zeit die Luft angehalten habe. Ich renne zu Kwame hinüber und schaue mir all die Tiere auf den Fotos an der Wand an. Er hat recht. Ich sehe die Füchsin und die Häsin; den Otter und den Raben; und noch Dutzende andere Tiere, die mir schon erschienen sind, wenn ich wütend war oder Angst hatte. Zum Beispiel, als Dad abgereist ist oder ich mich in der ersten Klasse nicht getraut habe, ins Schwimmbecken zu springen.

Allerdings sind die Tiere auf den Fotos keine Geister. Sondern quicklebendig.

Auf einmal ertönen schlurfende Schritte hinter uns, und wir drehen uns um. Nell kommt ins Zimmer und schaut uns merkwürdig an.

»Das sind die Tiere«, sage ich und zeige auf die Fotos. »Aber warum haben sie mich hierhergeführt? Zu Ihnen?«

Nell sieht verwirrt aus, so als würde sie das Ganze auch nicht verstehen. Da nimmt Kwame sein Heft aus der Tasche und kritzelt etwas darauf.

»Wir haben's geschafft, Nora! Wir haben deine Antworten gefunden und wissen jetzt, warum das alles passiert ist!«

Er gibt mir den Zettel zusammen mit einem großen Goldring, auf dem ein *D* eingraviert ist. Und dann lese ich, was Kwame geschrieben hat.

Nell ist Noras
Oma.

26

Mein Herz hämmert im Takt der dicken Regentropfen, die gegen die Bleiglasfenster mit Rautenmuster
trommeln. Der Wind heult, und irgendwo draußen
stimmt ein Tier mit ein.

»Nell ist … meine Oma«, flüstere ich und schaue
die alte Dame mit dem Flickenkleid und der Möwe
auf dem Arm an.

Nell runzelt die Stirn. »Dann bist du … Nora?
Miris Tochter Nora?« Sie mustert mich von Kopf
bis Fuß, bis ihr Blick aus irgendeinem Grund an der
kaputten Wanduhr hängen bleibt. »Aber wie lange
ist das …? Warte mal.« Sie zählt mit ihren Fingern,
bis sie bei zehn ankommt, und blinzelt ein paarmal.
»Oh.«

Meine Gedanken rasen wie ein Schwarm Vögel. Ich sehe den Ring an, den Kwame mir gegeben
hat – und der früher meinem Dad gehörte. »Wo hast
du den her?«, frage ich, und gegen meinen Willen
schwingt Wut in meiner Stimme mit.

251

»Mein Sohn ... dein Dad hat ihn mir gegeben, damit ich darauf aufpasse. Das war, bevor er nach Indien abgereist ist. Letztes Jahr hat er mich gebeten, ihn mit der Post zu schicken. Aber ich habe gesagt, wenn er ihn unbedingt wiederhaben will, soll er gefälligst nach Hause kommen und dich endlich ...«

Sie guckt mich an, und ich spüre, wie mein Gesicht heiß wird.

Nell ist die Mum von meinem Dad. Meine Oma. Ich schüttle den Kopf und schaue mich um. »Ich erinnere mich nicht ... Mum hat nie ...«

Plötzlich fällt mir der verschwommene Schatten im Hintergrund der Fotos wieder ein. Und dann taucht eine Erinnerung in mir auf wie ein versunkener Schatz: Meine Oma, Dad und ich halten uns an den Händen und rennen über die Insel; zu unseren Füßen läuft eine Füchsin, und eine Häsin huscht vor uns her; außerdem kräht ein Rabe über unseren Köpfen, und ein Otter verschwindet im Meer.

Jetzt, hier im Zimmer, macht Nell einen Schritt auf mich zu, doch ich stolpere rückwärts, bis meine Schulter die Fotos an der Wand streift.

»Natürlich kannst du dich nicht erinnern«, sagt Nell sanft. »Das letzte Mal, als du hier warst, warst du ... noch wirklich klein. Und das war ein ganz schön aufregender Tag. Deine Mum ist aus dem Boot gefallen, und dein Dad und sie haben sich gestritten. Am Ende hat dein Dad dann seine Sachen gepackt, und deine Mum hat dich aufs Festland gebracht, bevor ich mich richtig von dir verabschieden konnte.«

Ich betrachte den ausgestopften Tiger, dessen Streifen haargenau zu meinen Socken passen. »Mum redet nie über dich. Außerdem ... warum haben wir uns gar nicht mehr gesehen?«

Nell löst ihren Blick von mir, um mit dem Rücken zu mir ein paar Fotos gerade zu hängen. »Na ja, deine Mum war nicht gerade mein größter Fan, nachdem dein Dad abgereist ist. Immerhin war es meine Idee gewesen, dass er nach Indien fährt. Als er noch ein kleiner Junge war, haben wir nämlich Ethel gerettet – so heißt die ausgestopfte Tigerin neben dir. Seitdem hat er davon geträumt, etwas Ähnliches zu tun. Er wollte diesen Tieren helfen, damit keins von ihnen jemals wieder gerettet werden muss. Allerdings ... hätte ich nie damit gerechnet, dass er für immer in Indien bleibt.«

»Aber du hättest doch anrufen können«, sage ich leise.

Nell knetet ihre Hände. »Deine Mum hat mir unmissverständlich klargemacht, dass sie allein klarkommt und mich nicht braucht. Deshalb wollte ich nicht weiter fragen und mich auch nicht aufdrängen. Ich merke, wenn ich nicht erwünscht bin.«

Meine Ohren brennen, und ich spüre, wie Kwame meine Hand nimmt.

»Du solltest ihr erzählen, was mit deiner Mum los ist«, flüstert er.

Ich reiße mich los und funkle ihn wütend an, während Nell sich zu mir umdreht. »Was ist mit deiner Mum?« Ihr Blick flackert zwischen Kwame und mir hin und her. »Ist etwas passiert? Bist du deswegen hier?«

»Nein, uns geht's gut«, fauche ich. Dann marschiere ich an ihrem Schreibtisch vorbei zur Tür. »Und wisst ihr was – Mum hat recht! Wir brauchen niemanden! Und deshalb war es ein Fehler, hierherzukommen!«

»Aber Nora ...« Kwame stolpert hinter mir her. »Was, wenn die Geistertiere keine richtigen Geister waren, sondern versteckte Erinnerungen? Oder ein Teil von dir, der wusste, dass du Hilfe brauchst? Und vielleicht wusste dieser Teil auch, dass deine Oma genau die Richtige ist, um dir zu helfen?«

»Wir brauchen keine Hilfe!«, schreie ich so laut, dass Kwame sich duckt. »Die Geistertiere gibt es wirklich! Sie sind keins von deinen dummen Spielen, und ich hab sie mir auch nicht ausgedacht!« Ich drehe mich zu Nell um, die gerade dabei ist, etwas im Schrank zu suchen. »Ich fahre jetzt nach Hause!«

»O nein, das wirst du nicht«, widerspricht Nell

und holt ein altmodisches Telefon mit einem langen, spiralförmigen Kabel hervor. Sie stöpselt das Kabel in eine Steckdose ein. »Draußen tobt ein Gewitter. Du würdest es niemals lebendig von der Insel schaffen.«

Nell wählt eine Nummer, doch ich bin so fuchsteufelswild, dass ich keine Sekunde länger hierbleiben will. Schon stoße ich die Tür auf und stampfe in den Flur, während ich Nell im Studierzimmer telefonieren höre. Kwame poltert hinter mir her, also entriegle ich hastig die Haustür, die mir sofort von einer Windböe aus der Hand gerissen wird. Alle Tiere in der Küche kreischen gleichzeitig auf.

Ich beiße die Zähne zusammen und kämpfe mich durch den Regen, der wie Nadeln auf meinen Wangen sticht. Hinter mir ruft Kwame, doch ich beachte ihn nicht. Stattdessen wische ich mir die Haare aus dem Gesicht und stapfe zwischen den Bäumen hindurch zum Steg. Die *Abenteurerin* wackelt und buckelt in den Wellen wie ein Rodeopfer.

»Komm zurück!«, schreit Kwame, doch seine Stimme geht im Sturm unter.

»Lass mich in Ruhe!«, schreie ich zurück. »Ich komme alleine klar!«

Niemals hätte ich Kwame so viele Geheimnisse anvertrauen dürfen. Denn Mum und ich brauchen niemanden – weder eine Oma noch Freunde, noch

Tiergeister, noch Erinnerungen. Wir sind nicht hilf-los und haben auch keine Probleme. Denn wir haben einander, und das ist alles, was zählt.

Es war falsch von den Geistertieren, mich hierher-zuführen.

Mit tauben Händen versuche ich, das dicke Seil zu lösen, das das Boot mit dem Steg verbindet. Die Wel-len, die gegen die Felsen klatschen, sind noch höher als auf der Hinfahrt, und um mich herum tobt der Wind. Doch obwohl ich Angst habe und nichts sehen kann, bin ich vor allem wütend. Deshalb muss ich hier weg – egal zu welchem Preis.

Ich springe ins Boot und falle sofort vornüber, als die Wellen es umherwerfen. Meine Hände sind zu kalt, um den strammen Doppelknoten zu öffnen, mit dem Kwame das Boot vertäut hat. Wütend brülle ich in den Sturm.

»Nora, warte!«, ruft Kwame, der mir gefolgt ist und Anstalten macht, zu mir ins Boot zu klettern. »Was du da tust, ist viel zu gefährlich!«

»Hau ab!«, schreie ich ihn an. »Ich komme allei-ne –«

In dem Moment wird das Boot von einer riesigen Welle erfasst und mit voller Wucht gegen den Steg geschleudert. Holzsplitter fallen auf mich herab, und ich lande auf meinen Händen und Knien. Auf meiner Zunge schmecke ich Blut. Ich schaue zum finsteren, wütenden Himmel hinauf – doch ich sehe Kwame nicht mehr.

Mein Herz stolpert, und ich drehe mich taumelnd im Boot um. »Kwame? Kwame, wo bist du?«

Ich nehme meine beschlagene Brille ab, um nach Kwames tarnfarbener Jacke Ausschau zu halten. Da bleibt mein Blick an etwas hängen: Ein Stück von Kwames Ärmelbund ragt über den Bootsrand und rutscht langsam ins Wasser.

»Nein!«, schreie ich, während ich mich auf Kwame stürze und gerade noch seine Fingerspitzen zu fassen bekomme. Dann ziehe ich mit aller Kraft, und für eine Sekunde taucht sein Gesicht auf – atemlos und verängstigt. Doch schon im nächsten Moment wird es von einer Welle verschluckt.

Wieder versucht das Wasser, mir etwas wegzunehmen, aber diesmal nicht mein Fahrrad, sondern meinen besten Freund – das Wertvollste, was es auf der ganzen Welt gibt.

Auf einmal geht ein neuer Ruck durchs Boot, aber diesmal ist keine Welle die Ursache, sondern ein Mensch. Jemand ist hineingesprungen und hat seine Hände über meine gelegt, so wie Kwame an jenem Tag am Kanal.

Zusammen packen wir Kwames Handgelenk, und als ich aufschaue, sehe ich Nells entschlossenes Gesicht vor mir.

»Lass mich dir helfen!«, schreit sie – und plötzlich erscheint der Geisterotter hinter ihr. Kurz überlege ich, Nell wegzustoßen, doch das wäre falsch. Denn das, was wir gerade tun, ist zu wichtig.

Kwame ist zu wichtig.

Zusammen ziehen wir mit aller Kraft, und bald schon taucht immer mehr von Kwame aus den Wellen auf. Wieder hustet und spuckt er, als sein Gesicht die Wasseroberfläche durchbricht, dann klammert er sich am Bootsrand fest, und wir ziehen ihn hinein.

Eine tiefe Erleichterung breitet sich in mir aus, doch wir sind noch immer in Gefahr.

Nell stellt sich hin und hält perfekt Balance, während sie Kwame auf den Steg hebt. Ich helfe ihr und schiebe von unten mit. Als Nächstes stellt sie mich auf den Steg, und der feste Boden unter meinen Füßen lässt mich endlich wieder durchatmen.

»Tut mir leid, tut mir leid, tut mir leid«, sage ich immer wieder zu Kwame. Er versucht zu lächeln, aber er zittert zu stark und hustet Meerwasser aus.

Nell schiebt ihre Hände unter seine Achseln, und ich lege Kwames Arm um meine Schultern. Und dann helfen wir ihm gemeinsam ins Haus.

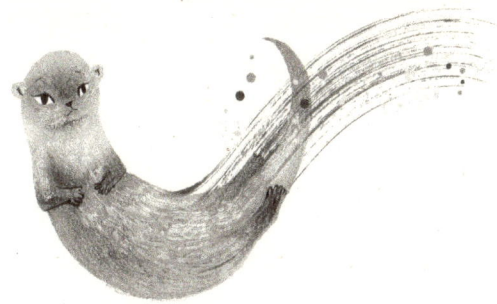

27

Drinnen angekommen, führen wir Kwame die knarzige Treppe zum ersten Stock hinauf, wobei wir aufpassen müssen, um nicht gegen die Tierkäfige neben dem Geländer zu stoßen. Kwame zittert noch immer am ganzen Körper, deshalb holt Nell den Wels aus der Badewanne, der dort zufrieden vor sich hin geschwommen ist, und setzt ihn in das Waschbecken. Dann lässt sie Kwame ein heißes Bad ein.

»Wir warten draußen auf dich«, lässt sie Kwame wissen, der nun das Badezimmer ganz für sich allein hat.

Auch ich bibbere vor Kälte und Aufregung – und weil ich so schlimme Dinge zu Kwame gesagt habe. Nell winkt mich in ein Zimmer mit Elefantenfotos an der Wand und einer Tagesdecke mit Tigerstreifen auf einem übergroßen Bett.

Ich fahre die Streifen mit meinen Fingern entlang und schaue mich um. »War das hier Dads Zimmer?«

»Ja«, antwortet Nell, während sie alte Socken und

Hosen aus einer Schublade holt. »Aber du und deine Mum habt auch eine Weile hier drin gewohnt. Deine Eltern waren nämlich noch sehr jung, als sie sich kennengelernt haben. Na ja, und nach der Trennung ist deine Mum dann mit dir aufs Festland gezogen, und ich bin allein zurückgeblieben.«

Eine Krähe, die ich beim Reinkommen nicht gesehen habe, flattert vom Kleiderschrank und lässt sich auf Nells Schulter nieder. Nell streicht ihr über den Rücken.

»Hast du dir deshalb so viele Tiere angeschafft?«, frage ich. »Weil du dich einsam gefühlt hast?«

»Ich habe mir die Tiere nicht angeschafft, Nora. Sie haben mich gefunden. Und da ich auf meiner Insel viel Platz habe, durften sie natürlich bleiben. Das war allerdings schon so, als dein Dad noch ein Kind war. Damals haben wir etliche exotische Zirkustiere bei uns aufgenommen, die niemand mehr haben wollte.«

Ich beiße mir auf die Lippe, während ich an die Tigerin im Erdgeschoss denken muss. Mein Herz schlägt immer noch rasend schnell. »Mich haben die Tiere auch gefunden«, sage ich.

Nell ist nach wie vor dabei, Schubladen zu durchwühlen, und ich glaube, das tut sie vor allem, um mich nicht anzuschauen, wofür ich sehr dankbar bin.

»Eine Füchsin, eine Häsin, ein Rabe und ein Otter sind zu mir gekommen«, fahre ich fort. »Außerdem ist mir vor einiger Zeit ein Tiger erschienen.«

Überrascht richtet Nell sich auf und dreht sich zu mir um. »Du meinst Ethel? Die Tigerin in meinem Studierzimmer?«

Ein Grinsen breitet sich auf meinem Gesicht aus. »Ich dachte, Wildtiere hätten keine Namen.«

»Ja, aber Ethel ist etwas Besonderes«, erwidert Nell und schiebt eine Schublade zu. »Sie kam aus dem Zirkus zu uns und trug ihren Namen schon. Außerdem war sie … anders als andere Wildtiere.«

Nell lässt sich auf dem Bett nieder und streicht über die Tigerstreifen. Ich setze mich neben sie und knibble am Schorf an meiner Hand herum.

»Meine Geistertiere sind wirklich Geister, verstehst du?«, sage ich. »Sie sind kein Spiel und auch keine Erinnerungen – obwohl Kwame das behauptet hat.«

Die letzten Worte habe ich regelrecht geknurrt, und Nell seufzt. Dann beugt sie sich zu mir herüber und berührt meine Hand. »Es spielt keine Rolle, was genau die Geistertiere sind, Nora. Manchmal sehen wir einfach die Dinge, die wir sehen müssen. Manche davon würden wir zwar am liebsten ignorieren, weil wir nicht wollen, dass sie wahr sind. Aber die Welt findet Wege, uns zu zeigen, was notwendig ist. Deshalb ist es auch nicht wichtig, ob deine Tiere Geister oder Erinnerungen sind. Vielleicht ist das sowieso dasselbe – oder was meinst du?«

Ich lausche dem Heulen des Windes, während ich über Nells Worte nachdenke. So habe ich das Ganze noch nicht gesehen. Außerdem gibt es offensichtlich verschiedene Arten von Geistern. Denn Mums Geister sind keine Tiere, sondern Erinnerungen, die sie jeden Tag verfolgen. Und ich habe bisher alles dafür getan, damit sie verschwinden; und damit niemand merkt, wie real sie sich für Mum anfühlen.

Aber vielleicht ist es an der Zeit, Mum nicht länger zu beschützen. Denn nur weil ich mir wünsche, Mum alleine helfen zu können, bedeutet das noch lange nicht, dass ich es auch kann.

Nell streichelt meine Hand. »Ich habe schon seit Wochen von einem Boot geträumt, das zu meiner Insel kommt. Das fand ich sehr merkwürdig, weil sich normalerweise niemand hierher verirrt. Schließlich ist der Weg sehr gefährlich, und es gibt auch keinen besonderen Grund, mich aufzusuchen – außer um mir ein Tier zu bringen, natürlich. Aber das ist schon lange nicht mehr passiert, weil die Tierschutzgesetze geändert wurden, seit wir Ethel gerettet haben. Zum Glück. Trotzdem hatte ich das Gefühl, dass mein Traum wahr werden würde. Und obwohl ich mir all die Jahre eingeredet habe, dass es mir allein gut geht, habe ich mich immer wieder dabei ertappt, wie ich Kuchen gebacken und auf ein Klopfen an der Tür gehofft habe.«

Die Krähe auf Nells Schulter gibt ein Krächzen von sich und fängt an, Haarsträhnen aus Nells Dutt zu zupfen.

Ich presse die Lippen zusammen, während ich lausche, wie der Starkregen allmählich nachlässt und zu einem leisen Klopfen am Fenster wird.

»Mum sagt auch immer, dass es uns gut geht«, flüstere ich.

»Und wie siehst du das, Nora?«

Ich muss an mein Tagebuch mit all den schrecklichen Worten darin denken, das unten in meinem Rucksack liegt. Und plötzlich fällt mir wieder ein, wie gut es sich angefühlt hat, mit Nell zusammen Kwame aus dem Wasser zu ziehen und ihm das Leben zu retten.

»Ich möchte gerne so stark sein wie Mum ...«, sage ich zögerlich.

Nell beugt sich nach vorne und zieht ein dickes Buch unter dem Bett hervor. Dann blättert sie durch die Seiten, bis sie einen Eintrag über Ameisen findet.

»Hast du schon mal eine Ameise gesehen?«, fragt sie mich.

Ich nicke langsam und überlege, ob sie mir überhaupt zugehört hat.

»Ameisen sind zwar klein, aber unglaublich stark«, fährt Nell fort. »Sie können das bis zu Zwanzigfache ihres eigenen Körpergewichts tragen. Aber sie sind auch schlau genug zu wissen, dass eine einzelne Ameise keine Überlebenschance hätte. Doch in einer Kolonie können sie ihre Stärke nutzen, um unglaubliche Dinge zu leisten und sich gegenseitig am Leben zu erhalten. Das ist wirklich faszinierend.«

Ich lasse meinen Finger über das Foto von der Ameise gleiten. »Was willst du mir damit sagen?«

»Ich will dir sagen, dass es kein Zeichen von Schwäche ist, sich helfen zu lassen. Obwohl ich selbst sehr lange gebraucht habe, um das zu verstehen. Hilfe anzunehmen – und sich mit anderen Menschen zusammenzutun – ist vielmehr ein Zeichen von Stärke als von Schwäche.«

Ich schaue auf und mustere Nell gründlich. Sie sieht nicht aus wie ich – oder vielleicht doch, aber nur auf eine geheimnisvolle Weise. Trotzdem habe ich das Gefühl, dass sie mich genauso gut versteht wie die Geistertiere.

Ich beiße mir auf die Lippe und suche das Zimmer nach dem Geisterotter ab, damit er mir zeigt, was ich jetzt tun soll. Doch ich sehe ihn nicht.

Allerdings weiß ich trotzdem, was zu tun ist. Ich muss nur mutig genug sein, mich zu überwinden. Also atme ich tief ein und sage schließlich:

»Ich habe auch ein Buch mitgebracht. Darf ich es holen?«

Nell nickt, während sie weiterhin die Krähe streichelt. Ich springe vom Bett auf und renne die Treppe im Flur hinunter, wo mein Rucksack noch immer auf der Fußmatte liegt. Dann hole ich das Raben-Notizbuch heraus und presse es gegen meine Brust. Dabei muss ich an Miss Omars Worte denken, als sie es mir gegeben hat.

Dass ich es einer Vertrauensperson zeigen soll, wenn ich dazu bereit bin.

Mit rasendem Herzen gehe ich zurück nach oben, wo Nell immer noch auf der Bettkante auf mich wartet. Ich atme tief ein und strecke ihr das Buch hin, während Tränen in meine Augen treten.

Ohne zu blinzeln, nimmt Nell das Buch entgegen, und auch beim Lesen bleibt ihr Gesichtsausdruck entspannt. Sogar als sie an der Stelle über Mum ankommt, die Joel hinausposaunt hat, verzieht sie keine Miene. Genauso wenig wie bei meiner grässlichen letzten Zeile, von der ich mir geschworen habe, sie nie jemandem zu zeigen.

Ich bin nicht stark.
Ich habe Angst
und bin einsam.
Ich wünschte,
ich hätte eine Mum,
die keine PTBS hat.

Mein Atem überschlägt sich fast, weil ich Nell gerade das Schrecklichste zeige, was ich je geschrieben habe. Und obwohl meine Worte wahr sind, sind sie es eigentlich nicht. Denn ich liebe meine Mum, auch wenn es ihr zurzeit nicht gut geht. Doch das Leben ist im Moment einfach unendlich schwer für mich.

Nell kneift die Lippen zusammen, und die Krähe guckt mich an, bevor sie auf meine Schulter hüpft und in meinem Haar herumpickt. Und plötzlich zieht Nell mich an sich und drückt mich so fest, dass ich nur noch Lavendelseife, Kuchen und nasses Fell riechen kann.

»Du bist so stark wie die stärkste Ameise, Nora«, flüstert sie mir ins Ohr. »Sonst hättest du mir niemals dein Tagebuch gezeigt.«

Ich umarme Nell ebenfalls und fühle mich dabei unglaublich stark und geborgen.

Nach einer Weile löst Nell sich von mir und legt ihre Hand unter mein Kinn. »Deine Gefühle sind völlig normal. Deshalb gibt es auch keinen Grund, Angst zu haben oder dich zu schämen. Aber ich glaube, dass die Situation mit deiner Mum zu kompliziert ist, um sie allein zu lösen.« Sie schaut mir in die Augen, und ich stelle fest, dass ihre Iris sturmwolkengrau ist. »Wäre es okay für dich, wenn ich dir helfe, Nora?«

Ein Teil von mir will immer noch den Kopf schütteln und zurück zum Meer rennen, wo ich so tun kann, als wäre alles gut. Doch ich weiß, dass das nicht stimmt. Außerdem fühlt Nell sich gerade an wie ein ruhender Fels in einer tosenden Brandung. Also lasse ich mich von ihr auffangen.

»Ja«, sage ich nickend. »Es ist okay, wenn du mir hilfst.«

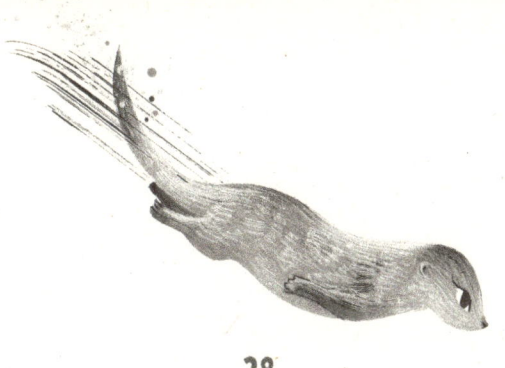

28

Als Kwame aus dem Bad kommt, ist er genauso schrumpelig wie Fox, der Mops. Doch er strahlt über das ganze Gesicht und hat Dads alte Kleider an.

»Ich glaube, so viele Seifenblasen hatte ich noch nie im Badewasser«, sagt er begeistert.

Nells Lachen hallt über den Treppenabsatz. »Das freut mich für dich. Und jetzt koche ich uns erst mal einen Tee, bis eure Eltern kommen.«

Entsetzt fahren Kwame und ich herum. »Du hast zu Hause angerufen?«, fragen wir wie aus einem Mund.

Nell verdreht die Augen. »Natürlich. Glaubt ihr etwa, ich will als Entführerin verhaftet werden? Ich habe deine Mum angerufen, Nora, und hatte Bill am Apparat. Er wollte die Nachricht an deine Eltern weitergeben, Kwame.«

»O nein. Sind sie sauer?«, will Kwame wissen.

Doch ich habe eine noch viel dringendere Frage: »Geht es Mum gut?«

269

Lächelnd wirft Nell einen Blick auf die Wanduhr am oberen Ende der Treppe, die halb fünf anzeigt. »Das könnt ihr eure Eltern gleich selbst fragen.«

Dann stapft sie immer noch lachend die Stufen hinunter, während Kwame aufstöhnt.

»Tut mir echt leid, Nora. Das war ein total dämlicher Plan. Ich weiß, ich bin an allem schuld, und ...«

Ich nehme seine Hand. »Es ist nicht deine Schuld, Kwame. Die Geistertiere haben uns hierhergeführt, und jetzt wissen wir auch, warum: damit ich Hilfe bekommen kann – für mich und für meine Mum. Aber das wusstest du von Anfang an, stimmt's?«

Kwame schaut ertappt drein. »Ja, schon. Du bist halt meinem Opa ähnlich – er bittet auch nie direkt um Hilfe. Aber weil wir Freunde sind, wollte ich dir helfen. Wir helfen uns gegenseitig!« Ein Grinsen breitet sich auf seinem Gesicht aus. »Immerhin hast du mir geholfen, das erste waschechte Otter-Abenteuer meines Lebens durchzustehen.«

Kwame drückt meine Hand, doch dann zieht er eine Grimasse. »Allerdings wird Mum mir dafür hundert Jahre Hausarrest geben.«

Langsam gehen wir die Treppe hinunter und betreten die Küche, wo Nell gerade unseren Tee aufbrüht. Es hat aufgehört zu regnen, und der graue Himmel klart langsam auf. Erste Sonnenstrahlen erhellen einen großen Garten auf der Rückseite des Hauses, in dem sich ein ganzes Gewirr aus Käfigen und Netzen befindet.

»Hast du da draußen noch mehr Tiere?«, frage ich.

Nell kommt zu uns herüber und guckt mit uns aus dem Fenster. »Ein paar. Die kleinen habe ich vor dem Gewitter reingeholt, aber bei den großen ging das nicht.«

Ich werfe Kwame einen aufgeregten Blick zu, doch die Aussicht auf noch mehr Tiere scheint ihn wenig zu begeistern.

»Dürfen wir rausgehen und sie anschauen?«, frage ich.

Nell zuckt mit den Schultern, bevor sie den Tee in Tassen gießt. »Von mir aus. Aber zieht euch die Pullover über, die ich euch hingelegt habe.«

Kurz darauf spazieren wir mit unseren nassen Schuhen den überwucherten Pfad im Garten entlang. Nells Garten ist fast genauso wild wie der von Kwames Opa, und überall sind aus Treibholz gehämmerte Käfige aufgebaut, die von rostigen Nägeln zusammengehalten werden. Auch ein paar Vogelvolieren gibt es, die aus riesigen Fischernetzen bestehen. Die meisten Gehege sind leer, doch dann tritt Kwame beinahe in einen breiten Teich, aus dem sofort eine schimpfende Gans aufflattert.

»Diese Insel ist der reinste Albtraum«, keucht Kwame, und ich lache auf.

»Warum magst du eigentlich keine Tiere?«, möchte ich wissen.

Kwame rümpft die Nase. »Es ist nicht so, dass ich sie nicht mag. Ich traue ihnen nur nicht über den Weg. Schließlich sind sie alle irgendwie wild.«

»Ist es nicht komisch für einen Jungen mit Tigersocken, Angst vor wilden Tieren zu haben?«

Kwame grinst mich an. »Nicht unbedingt. Vielleicht bin ich ja auch selbst ein bisschen wild.«

Schon stößt er Gebrüll aus und jagt mich zur Scheune im hinteren Teil des Gartens. In der Scheune steht eine Hochlandkuh mit Zottelfell und gewaltigen Hörnern, außerdem eine ganze Rehfamilie. Sofort fängt Kwame an, die Tiere mit allen Details in sein Heft zu zeichnen. Nicht einmal die rasierte Stelle im Fell der Kuh und das abgebrochene Geweih eines kleineren Rehs lässt er aus.

»Du wirst immer besser darin, Tiere so zu zeichnen, dass sie echt aussehen«, stelle ich fest. »Früher hast du sie immer nur als Fantasiewesen gemalt.«

Kwame zuckt mit den Schultern. »Das liegt daran, dass ich echte Tiere inzwischen genauso spannend finde wie ausgedachte.«

Auf einmal höre ich Stiefelschritte hinter uns, und kurz darauf betritt Nell die Scheune. Sie stellt sich zu uns und stützt ihre Unterarme auf das rostige Gatter, das die Tiere daran hindert, wegzulaufen.

»Warum mussten die Kuh und die Rehe eigentlich gerettet werden?«, fragt Kwame. »Stimmt etwas nicht mit ihnen?«

»Jedes Lebewesen ist perfekt, so wie es ist«, antwortet Nell und wirft mir einen kurzen Seitenblick zu. »Die Hochlandkuh wurde als Haustier gehalten, bis ihre Besitzer sie nicht mehr haben wollten – genau wie viele andere meiner Sorgenkinder. Aber inzwischen geht es ihr schon deutlich besser. Und die Rehe sind bei mir, weil sie sich in einem Zaun verfangen hatten. Doch auch sie erholen sich allmählich.«

»Lässt du deine Tiere wieder frei, wenn sie ganz gesund sind?«, möchte Kwame wissen.

Nell wirft mir noch einen Blick zu, dann dreht sie sich zum Haus um. »Manche schon. Andere könnten in der Wildnis gar nicht mehr überleben. Oder sind so krank, dass sie sowieso bald von uns gehen werden – so wie der Papagei in der Küche. Ich stehe mit verschiedenen Rettungsstationen und Zoos in Kontakt, die ein paar meiner Tiere aufnehmen würden. Aber manche … werden wohl für immer bei mir bleiben«, sagt sie lächelnd.

Kwame öffnet den Mund, so als wollte er noch etwas sagen, da ertönt plötzlich eine aufgeregte Stimme aus der Richtung des Hauses.

»Nora? Kwame?!«

»Eure Eltern sind da«, stellt Nell überflüssigerweise fest. Sofort rutscht mir das Herz in die Hose. »Die Küstenwache hat sie hier abgesetzt«, fährt Nell fort. »Ich habe das Licht vom Boot gesehen.«

Kwame wirft mir einen entsetzten Blick zu und drückt meine Hand.

Nell lacht auf. »Keine Sorge, ich werde zuerst mit ihnen reden. Dann bekomme ich den größten Ärger ab, nicht ihr.« Sie zwinkert, bevor sie den Pfad wieder hinauftrottet.

Mein Magen schlägt Purzelbäume, als ich sehe, wie Mum mit um sich geschlungenen Armen vor der Hintertür steht. Ihr langes Haar peitscht um ihr Gesicht herum, und obwohl ich ihre Miene nicht erkennen kann, weiß ich, dass sie wütend und verängstigt zugleich ist.

Sofort lasse ich Kwames Hand los und renne auf Mum zu, damit ich sie beruhigen kann, doch Nell ist vor mir da. Ich bleibe stehen und schaue zu, wie Nell etwas zu ihr sagt – und im nächsten Moment schlingt sie ihre Arme um sie.

Meine Gedanken rasen in meinem Kopf wie jagende Seehunde. Ich merke, dass Mum zögert, doch Nell redet so lange weiter, bis auch Mum langsam die Arme hebt und Nell zurückumarmt. Irgendwie sieht das Bild merkwürdig aus, weil meine kluge, starke Mum auf einmal so klein und zerbrechlich wirkt, als wäre sie selbst noch ein zehnjähriges Mädchen.

»Ist schon okay«, höre ich Nell zu ihr sagen. »Wir sind beide zwei sture alte Esel. Aber jetzt bist du hier, und das ist die Hauptsache.«

Kwame nimmt meine Hand, um mich von der immer noch schimpfenden Gans im Teich wegzuziehen, als auch seine Eltern aus dem Haus kommen. Er schluckt. Ein paar Strähnen haben sich aus dem Dutt seiner Mum gelöst und wirbeln um ihren Kopf herum wie bei einer Sturmgöttin. Hinter ihr folgt Kwames Dad, der seine Söhne festhält, als wollte er sie davon abhalten, auch wegzulaufen.

»Was um alles in der Welt hast du dir dabei gedacht?!«, schimpft Kwames Mum schon von Weitem, doch dann zieht sie ihn so fest an sich, als wollte sie ihn erdrücken. »Du hast gelogen, und du hast Nora in Gefahr gebracht! Außerdem bist du kilometerweit zu einem wildfremden Haus gefahren, ohne uns eine Nachricht zu hinterlassen!« Sie löst sich von Kwame und wirft ihm einen strengen Blick zu. »Ich bin zutiefst enttäuscht von dir, und –«

»Das Ganze war meine Idee«, unterbreche ich und stelle mich schützend vor ihn.

»Nein, es war meine«, widerspricht Kwame und drängt mich zur Seite.

Dann zanken wir eine Weile, bis Kwames Dad einen langen Seufzer von sich gibt. »Es ist völlig egal, wessen Idee das war. Der Punkt ist, dass ihr beide etwas sehr Dummes getan habt. Wir haben euch vertraut, aber das war wohl ein Fehler.«

Kwame lässt die Schultern hängen, und mir fällt auf, dass ich seine Brüder noch nie so still erlebt habe. Dabei kann ich mir gut vorstellen, dass sie am liebsten sofort losrennen würden, um sich die Tiere im Schuppen anzugucken.

Eine Weile herrscht Schweigen, bis ein Junge im Teenageralter vortritt, den ich noch nicht kenne. Ich vermute, dass es Kwames älterer Bruder Izaak ist, denn er sieht aus wie ein hochgeschossener Kwame mit einem stoppeligen Schnurrbart.

»Trotzdem war eure Aktion irgendwie cool«, meldet er sich zu Wort und erntet dafür einen strafenden Blick seiner Eltern. Entschuldigend hebt der Junge die Hände. »Im Ernst – ich meine, wir reden hier von Superangsthase Kwame! Und euch Lügen aufzutischen, in einen Zug zu steigen und bei Gewitter mit einem geklauten Boot zu einer versteckten Tierinsel zu fahren, ist doch eine beachtliche Leistung, oder nicht?« Er schlägt Kwame anerkennend auf den Rücken. »Respekt, Brüderchen!«

Kwame unterdrückt ein Grinsen, bevor seine Mum anfängt, uns einen Vortrag über Leichtsinn und Verantwortung zu halten. Doch dann gehe ich ein Stück weg, weil ich sehe, dass Mum auf mich zukommt. Hinter ihr geht Bill, der sich mit Nell unterhält.

Wird Mum mich jetzt anschreien, weil sie so wütend ist wie am Tag meines Fahrradunfalls? Oder ist sie sogar noch wütender? Immerhin ist das, was ich heute getan habe, noch viel schlimmer. Schon fallen mir die Sorgenfalten auf, die Mums Geister auf ihrem Gesicht hinterlassen haben. Meine Schuldgefühle lasten so schwer auf mir, als hätte ich einen Elefanten auf dem Rücken.

»Mum, ich –«, beginne ich, doch sie unterbricht mich.

»Lass uns dort drüben hingehen, Nora.« Sie nimmt mich an ihre eiskalte Hand und führt mich den Pfad entlang an der Scheune vorbei.

Ich spüre Kwames Blick auf mir, doch da seine Mum immer noch redet, kann er nicht mitkommen. Bis vor Kurzem hätte ich mich darüber gefreut, denn normalerweise ist alles besser, wenn Mum und ich allein sind. Aber jetzt gerade vermisse ich Kwames Hand in meiner.

Mum und ich schweigen, doch die Bäume sprechen für uns. Zweige rascheln in Windböen, die wir hier unten nicht spüren, und das Rauschen hört sich an, als wäre die ganze Welt wütend auf mich. Ich will Mum sagen, dass es mir leidtut. Ich will ihr sagen, dass ich ihr nur helfen wollte. Und dass ich sie liebe. Aber mein Mund ist zu trocken.

Auch Mum scheint nicht die richtigen Worte zu

finden, doch sie drückt meine Hand. Wir spazieren einen versteckten Weg entlang, der von Brombeersträuchern und anderen Büschen überwuchert ist. Steine ragen aus dem Boden heraus, um die herum riesige Pfützen sind. Mum jedoch führt mich sicher durch alles hindurch, bis wir an der Küste der Insel ankommen. Weit und breit ist kein Land zu erkennen, sondern nur das wilde graue Meer. Wolken türmen sich am Himmel auf und lassen den Horizont verschwimmen, sodass es aussieht, als ständen wir vor einem leeren Blatt Papier.

»Ich bin früher oft mit deinem Dad hierhergekommen«, erzählt Mum und lässt sich auf einem Felsen bei der Brandung nieder.

Ich setze mich neben sie und beobachte eine kleine Krabbe vor unseren Füßen, die in einem Gezeitentümpel verschwindet. Normalerweise spricht Mum nie über Dad, deshalb warte ich, ob sie noch mehr sagen will.

»Dein Dad war immer schon ein ziemlicher Wildfang. Als wir uns kennengelernt haben, haben wir eine Weile bei Nell gewohnt, und dann bist du auf die Welt gekommen. Damals habe ich gedacht, ich könnte deinen Dad zähmen, indem ich dafür sorge, dass wir möglichst viel allein bleiben. Ich habe geglaubt, so würden wir fester zusammenwachsen.« Sie lächelt traurig. »Aber wir haben nicht zueinandergepasst. Dein Dad wollte Abenteuer erleben, und mir war der Abschluss meiner Ausbildung wichtiger.«

Obwohl Mum blass und dünn ist, ist sie so stark wie ein Tiger. Sie streicht mir die Haare aus dem Gesicht und fährt fort: »Und jetzt habe ich es wieder getan, nicht wahr? Ich habe uns beide auf unsere eigene kleine Insel manövriert, um die wilden Geister in meinem Innern zu zähmen.«

Anstatt etwas zu erwidern, lege ich einen Arm um Mum. Ihr Kapuzenpullover riecht vertraut und nach zu Hause. »Ich mag unsere kleine Insel«, sage ich.

Mum drückt mich an sich. »Ich auch. Aber ich glaube, sie ist nicht sehr gut für uns.«

Ich spüre, wie sich in meinem Kopf Sätze formen, die ich am liebsten aussprechen möchte, und mein Herz wird schwer. Denn ich habe Angst, manche Dinge laut zu sagen, weil ich Mum nicht verletzen möchte.

Da sehe ich plötzlich aus dem Augenwinkel eine regenbogenfarbene Gestalt über einen Felsen traben. Die Gestalt bleibt stehen und dreht sich zu mir um.

Es ist die Füchsin. Die Geisterfüchsin, die eines Nachts zu mir kam und alles verändert hat. Wellen klatschen gegen den Felsen, auf dem sie sitzt, doch sie wendet den Blick nicht ab. Auch ihr Fell scheint nicht nass zu werden. Seelenruhig legt sie ihren buschigen Schwanz um ihre Vorderpfoten. Dann nickt sie mir zu, so als wollte sie mir sagen: *Sei mutig, Nora Frost.*

Da atme ich tief ein und erzähle Mum die ganze Wahrheit.

»Nachdem wir bei deiner Ärztin waren, habe ich gedacht, ich könnte dich allein wieder gesund machen. Und ich habe gedacht, ich könnte stark genug sein, um so weiterzumachen wie bisher. Aber inzwischen glaube ich nicht mehr, dass alles gut ist, Mum. Sondern dass wir Hilfe brauchen.«

Meine Worte zucken wie Blitze durch meinen Körper, doch Mum schreckt nicht zurück. Sie hält mich einfach weiter fest. »Oh, Nora«, sagt sie sanft. »Es tut mir so leid, mein Schatz. Es war so schwierig zu entscheiden, wie viel ich dir über meine PTBS erzählen soll. Du warst immer schon so erwachsen für dein Alter.« Sie drückt mich fester an sich. »Aber ich wollte dich niemals so sehr unter Druck setzen. Es tut mir wirklich leid.«

Ich glaube, Mum weint, und ich glaube, ich weine mit. Doch die Wellen, der Wind und die kreischenden Möwen sind zu laut, um sicher zu sein. Allerdings weiß ich *eine* Sache ganz genau: Mum ist für mich da und ich für sie.

»Was hältst du davon, wenn Nell für eine Weile bei uns wohnen würde?«, fragt Mum plötzlich.

Überrascht rücke ich ein Stück ab und wische mir

mit dem Ärmel über das Gesicht. »Und was ist mit all den Tieren?«

Mum lacht. »Na ja, eine Kuh wird wohl nicht in unseren Garten passen, aber wir werden schon eine Lösung finden. Außerdem wären ein paar tierische Mitbewohner bestimmt eine nette Abwechslung.«

Mein Herz macht einen Freudensprung, und ich schaue zu der Füchsin hinüber, deren Umrisse so kräftig leuchten wie noch nie.

Dann wende ich mich wieder Mum zu. »Ich sehe wieder Geistertiere, Mum. Und sie haben mich hierhergeführt, weil sie wussten, dass Nell uns helfen kann.«

Lächelnd streicht Mum mir die Haare hinter die Ohren. »Das klingt wirklich toll, Nora, aber in Zukunft kommst du bitte erst zu mir, bevor du Geistertieren ans Ende der Welt folgst, okay?«

Ich nicke, und mein Herz jubelt. »Da drüben auf dem Felsen sitzt übrigens eine Füchsin«, sage ich. »Vielleicht kannst du ja ihre Umrisse ...«

Ich drehe mich um und halte sofort verwirrt inne. Denn die Füchsin ist verschwunden. Ich springe auf, um die kahlen Bäume und die grauen Wellen nach ihr abzusuchen, doch ich sehe nirgendwo einen rostroten Schwanz verschwinden.

Eine tiefe Enttäuschung breitet sich in mir aus. Insgeheim habe ich nämlich gehofft, dass wenigstens die Füchsin bei mir bleiben würde. Um mir zu zeigen, wie ich weiterhin so stark sein kann wie Mum.

Da steht Mum auf und verschränkt ihre Finger mit meinen. Dann deutet sie auf den milchigen Horizont in der Ferne.

»Ich sehe zwar keinen Fuchs, aber dafür einen wunderschönen Regenbogen. Schau mal.«

Ich folge Mums Blick, und da sehe ich ihn auch. Ein hauchzarter Schimmer, der immer kräftiger wird, erstreckt sich in einem perfekten Halbkreis über den Himmel. So als wollte er ein neues Kapitel auf ein leeres Blatt Papier schreiben.

Ein Kapitel voller Hoffnung und Stärke.

»Ja«, nicke ich. »Ich sehe ihn auch.«

29

Nach meinem Besuch bei Nell dachte ich, dass sich alles in meinem Leben über Nacht ändern würde. Doch Mum meint, manche Dinge brauchen Zeit.

Schließlich muss Nell erst ein gutes Zuhause für manche ihrer Tiere finden, bevor sie bei uns einziehen kann. Bei einigen ging die Suche schnell – so wie bei der Hochlandkuh, die zu einem Gnadenhof in Schottland gebracht wurde. Bei anderen, wie zum Beispiel der Eule, war das Ganze schwieriger, deshalb musste Nell viel herumtelefonieren, um einen geeigneten Platz zu bekommen.

Kwame und ich haben Hausarrest, sodass wir uns zurzeit nur in der Schule sehen. Trotzdem haben wir einen Weg gefunden, auch in unserer Freizeit in Kontakt zu bleiben – nämlich mit Zeichensprache am Fenster, wenn Kwame bei seinem Opa ist.

In der Schule denke ich immer noch viel über Mums Worte nach, die sie in Nells Garten zu mir gesagt hat:

dass sie uns beide, mit ihrer Krankheit, auf eine kleine Insel manövriert hat; und dass wir diese Insel nun wieder verlassen müssen.

Und weil ich weiß, dass Mum recht hat, ziehe ich heute auf dem Schulhof Kwame unter der Winterkirsche hervor, die inzwischen einem Wasserfall aus rosa Blüten gleicht. Dann rennen wir zusammen zu den anderen Kindern, um die Spiele von seinem Opa zu spielen. Dank *Hasenjagd* und *Rate-den-Raben* haben wir sogar herausgefunden, dass es noch mehr Kinder auf unserer Schule gibt, die auf die gleiche Weise seltsam sind wie wir.

Aber nur ein einziger Junge außer Kwame trägt Socken mit Tigerstreifen.

»Joel, hier drüben!«, ruft Kwame und wartet darauf, dass Joel den Fußball zu ihm schießt. Joel kickt den Ball kräftig, doch diesmal zielt er nicht auf Kwames Kopf, sondern auf seine Füße. Und obwohl Kwame den Ball nicht trifft, lacht Joel und klopft ihm auf den Rücken. »Mensch, Kwame, du bist echt grottenschlecht im Fußball!«

Kwame lacht mit, bevor er sich zu Saffie und mir auf die Bank setzt, um Tiere mit regenbogenfarbenen Umrissen zu zeichnen.

»Hey, ich hab noch eine bessere Idee!«, verkündet Kwame und malt eine perfekt gelungene Hochlandkuh, die die Zunge rausstreckt.

Hinter uns stehen Miss Omar und Miss Rose, und ich glaube, dass sie immer noch an den Streit denken, den Joel und ich vor einem Monat hatten. Aber manche Dinge ändern sich eben schneller als erwartet. Deshalb können aus Feinden plötzlich Freunde werden. Und ein regenbogenfarbenes Geistertier kann aus dem Nichts auftauchen und die dunkelste Nacht heller machen.

Nach Schulschluss gehen Kwame und ich ein Stück mit Joel zusammen, bevor wir uns vor Joels Haus von ihm verabschieden. Dann fahren wir auf Kwames Rad im Schneckentempo am Kanal entlang, damit wir so viel Zeit wie möglich zusammen verbringen können.

Als wir heute jedoch in unsere Straße einbiegen, wartet eine Überraschung auf uns: Ein Umzugswagen parkt vor meinem Haus, und schon im nächsten Moment erspähe ich Nell, die die Umzugshelfer herumkommandiert.

Sofort springe ich vom Gepäckträger, renne auf Nell zu und schlinge meine Arme um sie.

»Vorsicht, Liebes!«, ermahnt sie mich lachend. »Ich bin eine alte Dame – wirf mich nicht um.«

Doch im Grunde weiß ich, dass Nell stark genug ist, um alles durchzustehen.

Ich grinse sie an. »Ziehst du jetzt endlich bei uns ein?«

Nell deutet mit dem Kopf auf den Umzugswagen, auf dessen Ladefläche Mum und ein dunkelhaariger Umzugshelfer gerade versuchen, die zeternde einbeinige Möwe in ihren Käfig zu setzen. Mums Wangen sind gerötet, und sie lacht laut. Ich hake mich bei Nell unter.

»Wie viele Tiere hast du eigentlich mitgebracht?«, frage ich.

»Acht. Plus Ethel, denn die konnte ich ja schlecht allein lassen.«

Aufgeregt renne ich ins Haus und sehe die Tigerin majestätisch neben den weit offenen Wohnzimmervorhängen stehen. Auch in den anderen Zimmern sehe ich Tiere, die die Wildnis nicht mehr haben wollte. Die Krähe aus Dads Kinderzimmer hockt auf einem Holzpfahl im Garten und beobachtet Bill und

Kwames Dad, die gerade eine Voliere bauen. Von den Rehen ist keins mitgekommen, doch das Spinnenterrarium steht hinter dem Sofa, und das graue Eichhörnchen klammert sich an den Gardinen fest.

Ich sprinte die Treppe hinauf, um nachzuschauen, ob Kwame schon am Fenster ist – da sehe ich plötzlich einen zusammengerollten Fuchs am Fußende meines Betts.

Sofort bleibe ich wie angewurzelt stehen und suche ihn blinzelnd nach regenbogenfarbenen Umrissen ab. Seit dem Besuch auf Nells Insel letzten Monat habe ich keine Geistertiere mehr gesehen. Doch dann stelle ich fest, dass dieser Fuchs, nein, diese Füchsin kein Geist ist – sondern quicklebendig.

Ich hocke mich hin, um sie mir genauer anzuschauen, und die Füchsin hebt ihr Kinn und blickt zurück.

Sie sieht ein wenig anders aus als meine Geisterfüchsin – älter, glaube ich, mit Narben in ihrem Fell und einem milchig weißen Auge. Vorsichtig strecke ich meine Hand aus, und die Füchsin schnüffelt daran, bevor sie ihren Kopf wieder ablegt und mir erlaubt, sie zu streicheln. Und sie fühlt sich ganz anders an als die Geisterfüchsin. Ich spüre drahtiges rostrotes Fell. Mein Herz macht einen Freudensprung.

»Bei mir bist du in Sicherheit«, flüstere ich. »Ich heiße Nora. Und ich bin hier, um dir zu helfen.«

Die Füchsin seufzt und schließt die Augen, so als würde ein sehr langer Tag zu Ende gehen. Ich bleibe noch eine ganze Weile bei ihr sitzen, bis ich merke, dass auch mir die Augen zufallen. Da höre ich auf einmal von unten meinen Namen.

»Nora? Wir haben eine Überraschung für dich!«

Ich blinzle. Was könnte denn noch überraschender sein als eine Füchsin auf meinem Bett?

Eilig stolpere ich in die Küche, wo Nell gerade mit der einbeinigen Möwe im Arm Gemüse für eine selbst gemachte Lasagne schnippelt.

Sie zwinkert mir zu. »Geh mal in den Garten.«

Ich flitze nach draußen und sehe Bill, Mum, Kwame und Kwames Familie im Kreis um etwas herumstehen.

»Habt ihr mir eine neue Ethel mitgebracht?«, frage ich lächelnd.

In dem Moment treten alle einen Schritt zurück – und mir stockt der Atem: Bill hält mein heiß geliebtes rotes Fahrrad in den Händen, blitzblank geputzt, als wäre es von den Toten auferstanden.

Ungläubig schaue ich zwischen Mum und Kwame hin und her. Wie haben sie das gemacht? Mein Rad ist doch für immer im Kanal versunken!

Plötzlich spüre ich eine Hand auf meiner Schulter, die mich sanft nach vorne schiebt. Es ist Nell.

Schon strecke ich meine Finger aus und streiche

über den garantiert geisterfreien Metallrahmen, die Gummigriffe am Lenker und die Vorderradfederung. Alles sieht fast noch so aus, wie ich es in Erinnerung hatte – nur der bequem gepolsterte Sattel und die Klingel mit Tigerstreifen sind neu.

Ich werfe einen Blick zu Mum hinüber, die vor Freude strahlt. »Wie habt ihr das gemacht?«, flüstere ich atemlos.

Da verpasst Kwame Bill einen Schlag auf den Rücken. »Bill hat es rausgefischt und dann ewig lange in Opas Garage daran gearbeitet!«

Bill schaut verlegen drein. »Ohne Kwame hätte ich das niemals geschafft. Er hat mir nämlich gezeigt, wo es versunken ist.«

Ich schlinge meine Arme um Bill und Kwame gleichzeitig. »Danke, danke, danke, danke!«, sage ich immer wieder.

Mum stellt sich zu uns, um uns mitzuumarmen, und kurze Zeit später kommt auch Nell dazu. Und dann sogar der dunkelhaarige Umzugshelfer, dem Mum aus irgendeinem Grund nicht mehr von der Seite weicht.

Wir drücken einander und lachen, und da ich genau in der Mitte des Kreises stehe, fühle ich mich so stark wie tausend Ameisen.

»Na los, dreh mal eine Runde!«, fordert Kwames Dad mich auf.

Mit zittrigen Beinen schwinge ich mich auf den Sattel und probiere als Erstes meine neue Klingel aus. Der helle Ton lässt alle Menschen und Tiere gleichzeitig in Jubel ausbrechen. Dann stoße ich mich vom Boden ab und spüre, wie mein Körper seinen alten Rhythmus wiederfindet. Mein Lächeln wird immer breiter.

Kwame rennt zum Gartentor, das zu einer kleinen Allee hinter den Häusern führt, und öffnet es für mich.

Ich halte an, damit er sich auf meinen Gepäckträger setzen kann, bevor unseren Eltern wieder einfällt, dass wir Hausarrest haben.

Zusammen sausen wir die Allee entlang und biegen anschließend wieder in unsere Straße ein, wo Kwames Opa am Fenster seines Hauses steht und winkt. Und während wir immer schneller fahren, fühle ich mich, als könnte ich jeden Moment abheben.

»Alle aus dem Weg – hier kommt das Geisterfahrrad!«, singt Kwame lachend.

Ich spüre, wie der Kanal nach mir ruft, genau wie die Wildnis, die dahinter liegt. Doch obwohl ich große Lust auf ein Abenteuer habe, schlage ich den Weg zurück zu all den geliebten Menschen ein, die vor meiner roten Haustür auf mich warten und die ich so sehr ins Herz geschlossen habe.

»Weißt du was?«, sage ich zu Kwame und stelle mich auf die Pedale. »Mein Fahrrad ist kein Geist mehr – sondern quicklebendig!«

NACHWORT DER AUTORIN
DIE TIERE DER NACHT

Die außergewöhnlichsten Dinge in unserem Leben haben eine ganz besondere Eigenart: Sie bleiben bei uns, auch wenn sie längst vergangen sind. Sie hinterlassen einen Abdruck, so ähnlich wie ein Geistertier, das sowohl da als auch nicht da ist. Daher kann es passieren, dass wir sie aus dem Augenwinkel in einem Tagtraum erblicken, oder sie lauern versteckt in der Tiefe unserer Gedanken.

Noras Geister tauchen in dem Moment auf, als sie sie am dringendsten braucht. Sie zeigen ihr, dass sie nicht allein ist und dass sich das Leben positiv verändern kann, wenn man um Hilfe bittet. Dabei spielt es auch keine Rolle, ob sie die Gestalt einer Füchsin, einer Häsin, eines Raben oder eines Otters annehmen – oder gar die einer Tigerin namens Ethel.

Im Gegensatz zu Nora habe ich schon lange nicht mehr das Glück, von Geistertieren besucht zu werden, doch ich werde immer noch von Geschichten heimgesucht. Als ich dieses Buch geschrieben habe, hat mich eine ganz spezielle Geschichte verfolgt, nämlich die meiner Großtante Kathleen. Meine Oma hat meine Schwester und mich oft mit Anekdoten über Kathleen erfreut, als wir noch Kinder waren. Offensichtlich hielt meine Großtante nämlich – unter anderem – einen Fuchs im Wintergarten und einen Fisch in der Badewanne. Außerdem trug sie eine Möwe unter ihrem Arm, und durch ihren Garten tobte ein Affe. Ihr ganzes Haus stand Tieren offen, die Hilfe brauchten oder kein Zuhause hatten. Als Erwachsene hatte ich Kathleens Geschichte beinahe wieder vergessen, doch dann hat sie mich eines Nachts heimgesucht und ihre Krallen in meine Brust gepresst.

Wenn es eine Sache gibt, die ich beim Schreiben dieses Buchs mit Nora gelernt habe, dann ist es die, Geister zu erkennen, wenn sie kommen. Denn egal, ob es sich um Erinnerungen, Gedanken oder Gefühle handelt – sie tauchen für gewöhnlich nicht ohne Grund in unserem Leben auf. Stattdessen können sie uns helfen, Teile von uns selbst zu sehen, die tief in unserem Innern vergraben sind. Und sie erinnern uns daran, dass wir mutig sein können. Wenn wir den Geistern folgen, können wir uns neuen Freundschaften öffnen. Und wenn wir bereit sind, jemandem von ihnen zu erzählen, können sie uns anleiten, die Hilfe zu finden, die wir brauchen. Auf diese Weise können wir zusammen mit anderen Menschen noch stärker werden, als wir es allein sind.

DANK

Wie immer gibt es eine lange Liste von Menschen, denen ich danken möchte. Nicht nur dafür, dass sie dieses Buch zu dem gemacht haben, was es ist; sondern auch für ihre allgemeine Unterstützung, wie ich sie im vergangenen Jahr von Buchhändler*innen, Bibliothekar*innen, Blogger*innen und Lehrer*innen erhalten habe. Es tut mir leid, dass ich euch hier nicht alle namentlich nennen kann. Aber ihr sollt wissen, dass ich euch für alles, was ihr tut, zutiefst dankbar bin.

Namentlich erwähnen möchte ich als Erste Lucy Pearse, die genau wusste, wie meine Geschichte am Ende aussehen soll, und die mir geholfen hat, dort hinzugelangen. Außerdem danke ich Sharon King-Chai, die wieder mit mir zusammenarbeiten wollte und die wundervollsten Illustrationen entworfen hat – sowohl auf dem Cover als auch im Innern des Buchs (Sharon, ich bin nach wie vor dein größter Fan). Darüber hinaus geht mein Dank an das ganze Team von Simon & Schuster Children's Books, das einfach nur brillant ist. Besonders hervorheben möchte ich Olivia Horrox, Rachel Denwood und alle Mitarbeiter*innen aus den Bereichen Lektorat, Design, Verkauf, Marketing und Rechte.

Auch an Sallyanne Sweeney und das Team von Mulcahy Sweeney Associates richte ich meinen Dank. Ich danke euch für eure unermüdliche harte Arbeit und Unterstützung und bin überglücklich, euch an meiner Seite zu haben.

Außerdem möchte ich einer ganzen Reihe von Autor*innen und Vorausleser*innen für ihre Zeit und ihre lieben Worte danken. (Es tut mir leid, Katya Balen, dass wir deinen Klappentext nicht vollständig verwenden konnten; beim nächsten Mal, versprochen.) Mein besonderer Dank geht an die Autor*innen Yasmin Rahman, Joseph Elliott, Aisha Bushby, Holly Jackson, Sam Copeland und Struan Murray sowie an all meine neuen Simon & Schuster-Kolleg*innen und Event-Freund*innen.

Annie Rose und David Speedman – danke, dass ihr im vergangenen Jahr meine epischsten Freund*innen wart. Ihr seid die besten zufälligen Teilzeit-Mitbewohner*innen, die es gibt. Anna Burtt – erst einmal danke ich dir dafür, dass du du bist (ganz klar); und außerdem für deinen Online-Schreibklub, der für mindestens zehntausend Wörter in diesem Buch verantwortlich ist. Wie immer geht mein Dank auch an Kathryn, Harriet und Anna; Hayley, Amy, Sabina und Adela; Pippa Lewis und mein brillantes Team von Unterstützer*innen an der Oxford Saïd Business School.

Mum und Dad – es tut mir leid, dass es so lange gedauert hat, euch ein Buch zu widmen. Aber natürlich sind all meine Bücher auf irgendeine Weise für euch. Das Gleiche gilt für meinen Partner und langjährigen Unterstützer Ryan; und für Louise, Jay, Amelia und Edward; und für meine Großeltern und die gesamte Familie Annis. Chris – danke, dass du meine Familiengeschichte so gewissenhaft recherchiert und mir geholfen hast, die Geister der Vergangenheit wieder zum Leben zu erwecken.

Und last but very much not least – wie immer danke an euch, liebe Leser*innen. Denn ihr habt nicht nur das ganze Buch gelesen, sondern auch die Danksagung! Ihr macht das Schreibvergnügen wirklich zum allerbesten Job der Welt.

BIOGRAFIEN

DIE AUTORIN

Sarah Ann Juckes schreibt Bücher für Kinder und Jugendliche. Ihr Jugendbuchdebüt *Outside* wurde für den Carnegie Medal Award 2020 nominiert und kam auf die Shortlist für den Mslexia Children's Novel Award. *Die Tiere der Nacht* war im Januar 2023 Waterstones Buch des Monats. Neben ihrer Tätigkeit als Autorin arbeitet Juckes als Dozentin für Kreatives Schreiben an der Universität Oxford.

DIE ILLUSTRATORIN

Sharon King-Chai wurde in Australien geboren und lebt seit 2003 in London. Sie ist eine preisgekrönte Designerin und Illustratorin und hat an einer Vielzahl von Projekten gearbeitet, darunter Albumcover, Branding und Buchcover. Ihr Bilderbuch *Starbird* wurde 2021 mit dem Kate Greenaway Shadower's Choice Award ausgezeichnet.

DIE ÜBERSETZERIN

Meritxell Janina Piel studierte Geschichte und Philosophie in Düsseldorf und promovierte dort in Philosophie. Heute lebt sie als freiberufliche Übersetzerin und Sprachlehrerin in Kaarst bei Düsseldorf. Ihre Übersetzung von *Vor uns das Meer* war für den Deutschen Jugendliteraturpreis 2021 nominiert.